# 对话商鞅

DUIHUA SHANGYANG

## ——探寻商鞅变法背后的管理心理

解婧怡
曹辉 著

哈尔滨出版社
H.P.H
HARBIN PUBLISHING HOUSE

图书在版编目（CIP）数据

对话商鞅：探寻商鞅变法背后的管理心理 / 曹辉，
解婧怡著 . — 哈尔滨 ：哈尔滨出版社，2021.1
ISBN 978-7-5484-5613-1

Ⅰ . ①对… Ⅱ . ①曹… ②解… Ⅲ . ①商鞅（前 390-
前 338）－生平事迹 Ⅳ . ① B226.2

中国版本图书馆 CIP 数据核字（2020）第 199504 号


书　　　名：对话商鞅——探寻商鞅变法背后的管理心理
　　　　　　DUIHUA SHANGYANG——TANXUN SHANGYANG BIANFA BEIHOU DE GUANLI XINLI
————————————————————————————————————————
作　　　者：曹　辉　解婧怡　著
责任编辑：韩伟锋
责任审校：李　战
封面设计：树上微出版
————————————————————————————————————————
出版发行：哈尔滨出版社（Harbin Publishing House）
社　　　址：哈尔滨市松北区世坤路 738 号 9 号楼　　邮编：150028
经　　　销：全国新华书店
印　　　刷：武汉市金港彩印有限公司
网　　　址：www.hrbcbs.com　　www.mifengniao.com
E-mail：hrbcbs@yeah.net
编辑版权热线：（0451）87900271　87900272
销售热线：（0451）87900202　87900203
————————————————————————————————————————
开　　本：880mm*1230mm　1/32　印张：6.75　字数：156 千字
版　　次：2021 年 1 月第 1 版
印　　次：2021 年 1 月第 1 次印刷
书　　号：ISBN 978-7-5484-5613-1
定　　价：46.00 元
————————————————————————————————————————
凡购本社图书发现印装错误，请与本社印制部联系调换。
服务热线：（0451）87900278

# 自序 "

　　"浮生如梦，若梦非梦。浮生何如？如梦之梦"。梦境之构建，虚幻缥缈，却又来自人们对现实的思考。在梦里，似乎一切都可以被重新定义，也可以透过梦境看见自己内心深处。何为真，何为假，何为是，何为非，在现实生活中我们都难以判断，更何况虚幻和历史。当历史的灵魂与现代思维相碰撞，是否能产生一些新的不可思议的化学反应？

　　历史里的商鞅是一位褒贬不一的奇男子。有人说，商鞅是一位雄才伟略的政治家，秦国强大的根源在商鞅。也有人说，商鞅作法自毙，自掘坟墓，秦朝二世而亡的祸根在商鞅。当我们用现代普通人的视角，回看历史中的商鞅，会有什么不同的认识吗？横看成岭侧成峰，即使历史的面纱很厚重，多一个角度总会多一道风景。

　　从目录上看，本书内容好像很胡扯，但本书没有一处明显违背作者已知的史书记载。写争议大的历史人物，必然会有争议，即使我们写作的两个人对商鞅的评价也不完全一致。作为中国历史的爱好者，为了弥补自身的短板，我们借鉴很多专家学者的研究成果。比如，"商鞅是怎么成为墨家巨子的？"这章，就借鉴了《何炳棣思想制度史论》中关于墨家从秦献公开始帮助秦国改革的分析判断。

之前看过一个说法，说商鞅像刚毕业进入职场的大学生，接受过良好的教育，聪明过人、有胆有识，敢和权贵们斗争，血气方刚、盛气凌人。时代在变，人性未变。那些批评商鞅的人，如果他们穿越回商鞅的时代，会比商鞅做的更好吗？那些赞美商鞅的人，如果商鞅穿越到现代，希望商鞅怎么做呢？探讨商鞅变法，让有意义的事变的有趣一点，和作者一起脑洞大开，朋友，有兴趣吗？

　　小梦从学校回到家中，就一直坐在书桌前发呆，回想课堂上与老师争辩时的场景。老师说秦朝灭亡的根源在于商鞅，小梦不赞同，站起来提问。老师说小梦无脑，把电视剧当成历史，说商鞅自己都感叹"为法之敝"，说商鞅自己都在秦国谋反，说商鞅不听良言不得善终，让小梦有时间多读读正经史书。小梦叹了一口气，翻看着面前的《史记》。

　　小梦自言自语道："一会儿说'秦民大说'，一会儿说'受恶名于秦'，真搞不懂司马迁，对商君的评价究竟是正面的，还是负面的？"为了了解更多，他在网上搜索了一下，发现网上对商鞅的评价两极分化更厉害。有人说商鞅是千年难得一遇的伟大改革家，有人说商鞅是千年来中国羸弱的罪魁祸首。历史上的名人对商鞅的评价也是褒贬不一。

　　战国时期的秦相蔡泽称赞商鞅说："夫商君为秦孝公明法令，禁奸本，尊爵必赏，有罪必罚，平权衡，正度量，调轻重，决裂阡陌，以静生民之业而一其俗，劝民耕农利土，一室无二事，力田稽积，习战陈之事，是以兵动而地广，兵休而国富，故秦无敌于天下，立威诸侯，成秦国之业。"

秦朝丞相李斯称赞商鞅说："孝公用商鞅之法，移风易俗，民以殷富，国以富强，百姓乐用，诸侯亲附。"

西汉政治家贾谊批评商鞅说："商君违礼义，弃伦理，并心于进取，行之二岁，秦俗日败。"

西汉时期政治家桑弘羊称赞商鞅说："昔商君相秦也，内立法度，严刑罚，饬政教，奸伪无所容。外设百倍之利，收山泽之税，国富民强，器械完饰，蓄积有余。夫商君起布衣。自魏入秦，期年而相之，革法明教，而秦人大治。故兵动而地割，兵休而国富……功如丘山，名传后世。"

西汉政治家董仲舒批评商鞅说："至秦则不然，用商鞅之法，改帝王之制，除井田，民得买卖，富者田连阡陌，贫者无立锥之地。"

西汉学者刘歆称赞商鞅说："夫商君极身无二虑，尽公不顾私，使民内急耕织之业以富国，外重战伐之赏以劝戎士。法令必行，内不私贵宠，外不偏疏远。是以令行而禁止，法出而奸息。"

唐代学者赵蕤批评商鞅说："夫商鞅、申、韩之徒，贵尚谲诈，务行苛刻。废礼义之教，任刑名之数，不师古，始败俗伤化。此则伊尹、周召之罪人也。"

唐代政治家杜佑称赞商鞅说："历观制作之旨，固非易遇其人。周之兴也得太公，齐之霸也得管仲，魏之富也得李悝，秦之强也得商鞅，后周有苏绰，隋氏有高颖，此六贤者，上以成王业，兴霸图，次以富国强兵，立事可法。"

北宋学者苏轼批评商鞅说:"秦之所以富强者,孝公务本力穑之效,非鞅流血刻骨之功也。而秦之所以见疾于民,如豺虎毒药,一夫作难而子孙无遗种,则鞅实使之。"

北宋政治家王安石称赞商鞅说:"自古驱民在诚信,一言为重百金轻。今人未可非商鞅,商鞅能令政必行。"

小梦越看越迷糊,真想当面问问商鞅,哪个评价才是真实的。迷迷糊糊之间,小梦开启了白日梦状态,自行脑洞出采访商鞅的场景。

# 目录 "

1

# 商鞅有没有谋反？

梦：商君好，没想到您能接受我的采访，我这不是在做梦吧。

鞅：你是在做梦。

梦：额……真正见过商君的人应该不多吧，以前以为您是实力派，没想到您还是偶像派。

鞅：真正见过我的人都死了。相由心生，我对我的内外修养都有信心。

梦：我对秦国了解不多，您能告诉我，我们现在在什么地方吗？

鞅：火星。

梦：怎么可能，秦国有这样的黑科技吗？那在火星怎么呼吸，怎么生存？

鞅：都是你脑洞出来的，有什么不可能，别整那些虚头巴脑的，进入正题。

梦：……

梦：多年来，关于您的变法大家都有很多争论、很多困惑、很多问题、很多……

鞅：直接问。

梦：第一个问题，孝公死后，您有没有谋反？

鞅：谋反了。

梦：怎么会呢，如果您真谋反，那谋反的动机、时间、方式、对象都不合常理啊，而且以您的智商和能力也不应该这么快就失败了啊。

鞅：我没有失败。

梦：怎么会呢，您不是被五头牛给……

鞅：哈哈哈，被车裂就是我要达到的目的啊。

梦：（这个脑洞比到火星还大啊）我不明白。

鞅：后世常用一个成语来贬低我，你知道是哪一个吗？

梦：作法自毙。

鞅：它还有个意思相近的成语。

梦：作茧自缚。

鞅：那作茧自缚的目的是什么？

梦：破茧成蝶。

鞅：孺子可教也。

梦：这是儒家表扬人的话吧，你作为法家代表怎么能用呢？

鞅：法家并不自闭，它愿意吸收借鉴人类一切文明成果，包括外星人的文明。

梦：既然你愿意借鉴一切文明，那你为什么要焚书坑儒？

鞅：那不是我干的。

梦：可是《商君书》里有这个意思。

鞅：一、那书不是我写的。二、虽然书里体现了我的主要观点，但还有偏差。三、后世对这本书有曲解。

梦：虽然我对《商君书》也有很多问题要问，但我现在最想知道，你谋反的动机及过程。

鞅：我注意到你对我称呼的变化，我不在乎"你"和"您"的差别，但我希望精神上的认同远超过言语上的崇敬，我希望越来越多的人能认同法的精神。

梦：您跑题了。

鞅：孝公死后，有人跑到嬴驷那里建议杀掉我。

梦：我知道，《战国策》里有记载。

鞅：可你不知道，之后还有人跑到我这里说："有人跑到国君那里建议杀掉你。"这个人建议我早做打算，说什么防人之心不可无。

梦：这个人是赵良吧。

鞅：不是，赵良和我的谈话是司马迁脑洞出来的。

梦：您知道司马迁？看过《史记》？

鞅：你知道的我都知道，要不然怎么用现代语言和你交谈。

梦：那个人是谁？

鞅：一个鼠辈，说出来只会让竖子成名。

梦：这是个圈套吧。

鞅：对，可惜他们只知道我和孝公的关系铁，却不知道我和嬴驷的关系也铁。

梦：您与秦惠文王关系也铁？

鞅：我和嬴驷互通消息后，认为这种挑拨真是居心叵测。

梦：那赶紧把他们抓起来啊。

鞅：嬴驷也是这样想的，幸好被我劝阻了。

梦：为什么？

鞅：因为他们说的都是实情，并没有犯法。秦法诛行不诛心，要治他们的罪，就要看他们的言论能否造成危害。像"维民所止"为考题，能被说成"雍正去头"，然后主考官被诛族的事，在秦国是不可能出现的。最重要的是，如果嬴驷一气之下把他们抓了或杀了，就代表嬴驷犯了法，要么依法追究嬴驷刑责，要么就是不追责使法失去信用。

梦：可是秦惠文王作为储君时犯了法，只是刑及他的师傅，也没有惩罚他啊？

鞅：只刑及师傅，是因为嬴驷当时年纪小，不够受刑，而他的师傅犯有教唆罪和监护不力的责任。

梦：可是《史记》说"王储不能上刑"。

鞅：那是司马迁说的，不是我说的，你可以去仔细研究原文。如果嬴驷真够受刑年纪，孝公第一个不会放过他。

梦：孝公会忍心割他儿子的鼻子？

鞅：古往今来，无辜被废、被刑、被杀的太子还少吗，更何况是罪有应得。孝公和我一样铁心护法，因为这是我们共同的信念。如果孝公处于曹操那种情况下，绝对会挥剑自刎，而不是削发代首。

梦：(你就扯吧) 怎么可能？

鞅：我没有扯，如果你能理解《刺客列传》的豫让那种"士为知己者死"的行为，你就能理解我和孝公"为国为民而死"的理念。

梦：括号里是我的内心活动，又没有说出来，你怎么会知道我的想法？

鞅：我都是你想出来的，你想什么我当然知道。

梦：那你可不可以假装不知道，这样我还可以保有隐私感。

鞅：可以。

梦：谢谢！我们是不是又跑题了？

鞅：没有跑题。你如果能理解我愿意为护法而死，就能理解我谋反的动机和行为。

梦：那您和秦惠文王总不能任由这种言论扩散吧。

鞅：我向嬴驷建议，如果我被这种言论所扰，导致我出错或违法，就可以追究他们挑拨离间的责任。

梦：秦惠文王同意了？

鞅：同意了。我负责找事，他负责收尾，具体怎么找事由我来定。为了不牵扯其他人，当天晚上我就一个人出去了。

梦：你不怕一个人出去送死吗？你得罪的人很多啊，想杀你完全可以利用这个时机。

鞅：我经常一个人在外边转悠，没有事。

梦：不对吧，司马迁可有记载，你出行都有庞大的武装护卫队。

鞅：变法初期是这样的，过了十年，都路不拾遗了，我还要护卫队干吗。

梦：那你当晚有目的地吗？

鞅：没有，一人一马率性而行。当我准备在一家旅馆休息时，突然想起，按照秦法，住宿需要照贴，如果我违法入住，然后报到国府，我的目的就达到了。

梦：那你不是把店家坑了吗，人家要连坐的。

鞅：你只知连坐，不知告奸，如果店家让我住下，然后报官抓我，这样他不仅不被惩罚，而且会得到奖励。

梦：可是告奸会败坏社会风气，使人们相互猜疑，让亲情荡然无存！

鞅：你是理解能力有问题，还是脑袋有问题？

梦：（有什么区别吗？）

鞅：告奸是揭发犯罪罪行，如同法庭上的证人，不是打小报告、说坏话，更不是诬告，告奸的人不是奸人，不告奸才是奸人，在我看来，对犯罪的纵容就是犯罪！

梦：您好像有点激动。

鞅：长期以来，多少人打着法家的旗号干坏事，像那种张汤以腹诽杀颜异的行为根本不是我们法家做的事。真正的法家是唯法是从的，而所唯之法要有爱民功能！还有人把告奸等同于告密，说我开启了中国诬告的潘多拉之盒。我赞同告奸，反对告密。秦法规定，对匿名信看都不看一律烧掉，对诬告者要予以严惩。

梦：照您这么说，父亲犯了罪躲在儿子家里，儿子知道了就要告发，这不是教导大家不孝吗？难道法家就不讲人伦？

鞅：只有诚实面对错误，从心里反省罪行，接受惩罚，用行动去赎罪，罪人才能脱胎换骨成为善人。亲情不应该是滋生或袒护犯罪的温床。作为儿子，真正的孝顺是一开始就不要让父亲犯罪，自己父亲犯了罪，又不让他勇敢面对，剥夺他弃恶从善的机会，是更大的不孝。而且我们秦法还有可以用来赎人的爵位制度，孝顺就去挣个爵位。我们不是用说教来保证孝顺这种美德的落实，是用立法的形式来保证。如果儿子吃肉，给老子吃糠，这就是犯罪。如果老子三天没有饭吃，儿子就会被判处"不孝"的大罪。

梦：将孝道写入秦法，其实是变相推卸社会的养老责任，用法律手段强制秦人尽孝，实在是缘木求鱼。贾谊《治安策》描述，"自商鞅变法以来，秦人抛弃礼义廉耻，一门心思集中于耕战，不过两年时间，秦国的社会风俗就败坏了。富有的秦人家庭，儿子长大后就分家单过；贫穷的秦人家庭，儿子长大后就入赘其他人家。父亲借了一柄耕具，儿子会流露出恩赐的表情；母亲拿了簸箕扫把，儿子就站着斥责。给孩子喂奶，儿媳妇不回避公公；儿媳妇与婆婆不和睦，就反唇相讥。"

鞅：不把孝道写入秦法，就承担了社会的养老责任吗？历史上，我每次被拉出来骂一顿，都不是因为儒家学者对我很挂念，而是他们要含沙射影、指桑骂槐，借批判我，来打击政敌。比如，贾谊与桑弘羊，还有苏轼、司马光与王安石。如果你看苏轼对我的描述，我就如同粪便一样。你再看司马光写的《资治通鉴》，对我变法的描述，做了许多"意味深长"的更改：把"孝公既用卫鞅，鞅欲变法，恐天下议己"改成"卫鞅欲变法，秦人不悦"，把"商君相秦十年，宗室贵戚多怨望者""法大用，秦人治""宗室多怨鞅""居三年，秦人歌之"改成"为政十年，秦人多怨"，把"秦孝公用商鞅之法，移风易俗，民以殷盛，国以富强，百姓乐用，诸侯亲服，至今治强"改成"孝公用商鞅之法，诸侯亲服，至今治强"。《资治通鉴》本是一部教给世人吸取历史教训的书，司马光认为秦朝是短命而残暴的，他认为《史记》中的"秦人歌之"，并不是历史真相，即使是真的，也是百姓因为"愚民政策"丧失了自我判断能力，所以他决不能让人感受到，"商鞅变法给百姓带来了很大的好处，百姓很支持商鞅变法。"

梦：贾谊比司马迁出生得早，贾谊的描述应该更真实可靠吧？

鞅：贾谊出生时，西汉已经成立两年了，他对秦朝和秦国的印象，也是道听途说。

梦：道听途说也是一种依据啊。

鞅：《治安策》还描述，贾谊那个年代，"人们在做事之前，不是考虑正当性，而是考虑有没有利益，甚至为了争夺利益杀害自己的父亲和兄弟。"那我能不能说，刘邦成立西汉不久，整个社会风俗就败坏了？

梦：你这是断章取义。你说的这句话前面还有一段话，"过去还属于秦朝的东西，现在属于汉朝了。但是，秦朝的遗风余俗，犹尚未改。"之所以会出现"今甚者杀父兄"现象，都是你们秦国遗留的坏风俗导致的。

鞅：听你这么推理，我知道贾谊道听途说的依据在哪里了。贾谊是洛阳人，洛阳之前属于东周。公元前249年，吕不韦率军灭了东周。公元前209年，天下反秦，不久洛阳脱离秦朝管辖。也就是说，洛阳被秦朝统治了四十年。贾谊写《治安策》在公元前173年任梁怀王的太傅之后，此时，汉朝已成立三十年。如果说"今甚者杀父兄"现象，是秦朝遗留的坏风俗导致的。那么贾谊道听途说的子不孝父、唯利是图的现象，会不会是东周遗留的坏风俗导致的呢？

梦：这怎么可能？

鞅：完全有可能。吕不韦贪利，赢政图名。吕不韦被赢政除掉后，赢政为了走出吕不韦阴影，急迫用行动证明自己。赢政清心寡欲，每天不批完一百二十斤的奏章绝不休息，想让整个天下都能像秦国一样。欲速则不达，物极必反，虽然赢政很快灭了六国，一统天下，可是他只是完成了形式的统一，并没有完成内容的统一。各国只是套上了秦法的壳子，并没有秦法的精神，虽然天下各县制度一样，但落实上有很大差距。各国百姓的风俗习性也并没有从根本改变。比如苏秦是洛阳人，贫贱时，妻子不给他补衣服，嫂子不给他做饭，父母不理他。等苏秦身兼六国宰相时，"父母郊迎三十里，妻子侧目而视、倾耳而听，嫂四拜自跪而谢。"所以，东周洛阳一些人的子不孝父、唯利是图的现象，让后人以为这就是秦国法律的问题，其实是东周的风俗习性没有根本改变的原因。就像是一座大厦，被用作少年宫，后来其他地方模仿这个大厦形状，盖了同样的建筑物，用于大保健，名字还叫"少年宫"，那有些人就会把之前的少年宫也想象成大保健的样子。如同"小姐"的称呼，外形没变，但内涵变了。

梦：你这是在狡辩。

鞅：贾谊的《治安策》说："父亲借了一柄耕具，儿子会流露出恩赐的表情。"这在秦国根本不会出现。《云梦秦简》中的秦律规定，秦国的耕具是由官府无偿提供的，如果秦国农民把耕具用坏了，直接还给官府，再换一把就行，连赔都不用赔。秦国的父亲是不用向自己的儿子低声下气借耕具的。所以，贾谊道听途说的现象并不能反映秦国真正的风俗习性。

梦：我们接着谈你住店的事。那店家拒绝你入住时，你有没有说："嗟乎，为法之敝，一至此哉"？

鞅：说了。

梦：是怪自己当初制定的法律导致自己现在住不了店吗？

鞅：知道我住不了店，恨我的人是不是觉得很爽，粉我的人是不是觉得也很爽？

梦：什么意思？

鞅：恨我的人觉得我活该，粉我的人觉得法令得到了坚决的维护。

梦：让双方同时爽还真不容易。

鞅：其实我是不爽的，所以才说了那句话，但不是你理解的意思。你有没有听过"畏法度者最快乐"这句话？

梦：听过，明朝万钢回答明太祖朱元璋的名言。

鞅：法度如同大气层，保护万物生长，不应是"畏法度者最快乐"，应该是"唯法度者最快乐"。法的本意是要保护合法行为，制止违法行为的。这个店家出于怕连坐而拒绝我，或是怕有麻烦而拒绝我，对违法行为放任不管，没有采取告奸的手段去抵制违法行为，说明在普法过程中，法的意义被片面化地解读了。所以，我才感慨，"为法之敝，一至此哉"。

梦：你的意思是如果店家能去告发你，你才觉得爽？

鞅：是的。打个比方，市场上有个小偷，偷顾客的钱，周围人看见了，是熟视无睹，还是用各种"善良"的方法提醒顾客，还是把小偷扭送到官府？

梦：很多人选择第一种，假装看不见，多一事不如少一事。

鞅：那个店家选的是第二种，而我希望是第三种。

梦：不过如果小偷倒霉，正好碰到几个不怕事的，围观群众能把小偷各种虐，甚至把小偷打残打死。

鞅：……

梦：店你是住不了了，接下来呢？

鞅：在外面野宿就是了，月朗星稀，清风徐来，良驹伴我，快哉快哉！

梦：那你去魏国了吗？

鞅：去了啊。秦人都守法，我也不想诱导秦人犯罪，于是打算去魏国碰碰运气。我可以假装受挑拨离间的言语影响而去投奔魏国，那么就能追究流言制造者的责任了。

梦：那你没有照贴怎么去啊？

鞅：住店时说没照贴是假装的，我不仅有照贴，而且还带了通关手令，要不然城门的关卡我都过不了。

梦：你用计掳了公子昂，破魏师、割魏地，现在只身入敌境，就不怕吗？

鞅：一、国人出国，背靠国家，国强则身尊。二、秦商在外，朴实闻名，形正则身尊。三、用计谋胜了魏国，虽然坏了我的名声，但也因此减少了杀戮，魏国人不会因此而痛恨我。四、魏王习性、魏人习俗，我了然于胸，有何可怕？

# 商鞅有没有摧残工商业？

梦：秦国有秦商？你推行农战政策，视商人如敌，不遗余力地摧残工商业，严重僵化了社会经济的运转机制，摧抑着私营工商业的发展……

鞅：这是你抄来的吧。

梦：你甭管我是不是抄的，你就说，我说得对不对？

鞅：不发展商业，那我统一度量衡干什么？

梦：你统一度量衡主要目的是为了便于国家田租、军赋的征收，以及军功赏赐、官员俸禄的发放。

鞅：度量衡是日常生活中用于计量物体长短、容积、轻重的物件的统称。不统一度量衡，田租、军赋照样征收。统一度量衡，就像在市场上放了一个公平秤，减少了征收时的贪扣，减少了交易时的纠纷，减少了不良官员和商人的所得，方便的是守法的百姓。这怎么能说是不遗余力地摧残工商业呢？

梦：《商君书》中"使商无得籴"又怎么解释？不允许商人买卖粮食还不是阻碍商业发展吗？

鞅：无农不稳、无工不富、无商不活，粮食是人们生活的必需品，是整个国家稳定的基础。商人买卖粮食，必然低价买、高价卖，歉收之年民无所得，丰收之年民亦无所得。而且为了获利，商人会故意囤积，甚至毁坏粮食。我那个时代，粮食亩产很低，劳苦大众普遍忍饥挨饿，吃饱饭对于他们来说是一种奢望。我不允许商人买卖粮食，就是要控制粮价，让老百姓能吃得起饭。"使商无得籴"反过来理解，就是说商人可以买卖其他物品。

梦：《史记》上说，秦始皇三十一年十二月，秦国米价为一石一千六百钱，而秦国以劳役抵偿债务，一天才八钱，正常男子一个月要吃两石米，这米价也太贵了吧？你说要控制粮价，不允许商人买卖粮食，这怎么解释？

鞅：这恰恰说明，我禁止商人买卖粮食是对的。吕不韦你知道吧？

梦：知道，有野史说他才是秦始皇的亲生父亲。

鞅：我们不探讨这个。《战国策》上说，吕不韦是一个商人。一天，吕不韦和他的父亲讨论做生意的事。吕不韦问："耕田能获得多少利？"他父亲答："十倍。"吕不韦又问："贩卖珠宝能获得多少利？"他父亲答："百倍。"吕不韦再问："拥立一个国家的君主能获得多少利？"他父亲答："无数。"吕不韦帮助异人子楚当上秦王后，子楚封吕不韦为文信侯，任命为秦相。吕不韦任相国期间，出于商人逐利的本性，放开粮食买卖，自己从中巨赚了一笔。从此，粮食的价格就控制在商人的手里，才会出现粮食价格飞涨的现象。吕不韦重商轻农，还召集门客编纂《吕氏春秋》来粉饰自己，秦国稳定的根基在那个时候就开始被慢慢腐蚀了。

梦：《商君书》中说"贵酒肉之价，重其租，令十倍其朴"，你对酒肉收十倍成本的重税，这就是重农抑商、阻碍商业发展的证据。

鞅：重农抑商的确是我的意思，"治大国，若烹小鲜"你听过没有？

梦：出自老子的《道德经》。

鞅：农业如同锅里的鱼，商业如同调料。鱼是越大越贵，调料不是越多越好。

梦：我就不喜欢吃大鱼，我喜欢吃麻辣小杂鱼，越麻越好吃，越辣越好吃。

鞅：在秦国，吃小鱼违法。

梦：吃小鱼怎么就犯法了？难怪人家说你们是暴秦！连吃个小杂鱼的自由都没有，你们就是没有人权，灭绝人性，专制残暴的国家！

鞅：你这种一本正经胡说八道的态度真是让我无奈。

梦：我胡说八道？有什么证据？拿不出来我就告你诽谤！

鞅：我的诽谤有证据。

梦：诽谤还有证据？诽谤就是诬告，有证据的叫控告。

鞅：我先说明"诽谤"的由来。《大戴礼·保傅》上说："忠谏者，谓之诽谤。"尧舜时代，鼓励天下人在木牌上刻写君王的是非过失，让人"诽谤"。

梦：我们这诽谤就是诬告！

鞅：好吧，时事变迁，词语的意思会有变化。所以我变法前就强调："治世不一道，便国不法古。"

梦：不要转移话题，重要的是证据！

鞅：你可以去看看《云梦秦简》中的秦法条文，在秦国，不仅小鱼不能捕捉，幼兽也不能捕捉，甚至不准采刚发芽的植物。

梦：那我说得没错啊，这也不准，那也不准，暴秦剥夺了百姓的自由。我说秦国没人权，是专制残暴的国家。你凭什么说我是胡说八道？

鞅：你们这个时代的一些发达国家，规定七寸以下的鱼不准捕捉，你们就说他们民主、文明，同样的事，就说我们专制、残暴。你就这么看不起自己身上的 DNA 吗？

梦：额……如果不准采刚发芽的植物，那在秦国吃豆芽违不违法？

鞅：这个故作小聪明的问题虽然唐突生硬，但是我很乐意回答，虽然我给不了你肯定的答案。

梦：不是说秦人朴实吗？你这个"虽然""但是""虽然"，很像外交辞令啊。

鞅：一、我干过外交工作，并且成功地把魏惠王忽悠了。二、我没有搪塞你，我确实给不了你答案。三、这个问题应由法官来回答。

梦：我们法院的法官是依法判案的，怎么可能会回答这种无聊的问题？

鞅：我说的是秦国的法官。秦都设置三个法官，宫殿中设置一个，御史设置一个，丞相设置一个，地方郡县各设置一个法官和法吏。官吏和百姓有问题都可以咨询法官。

梦：如果我问的时候，法官心情不好，不想搭理我怎么办？

鞅：秦法规定，法官必须明确答复所提问题，而且要制一个长一尺六寸的符券，符券上写明时间和所问法令内容，一券两片，提问者保管左片，法官保管右片。如果法官不回答或回答错了，等到民众犯了所询问的那一条罪，那就按该罪状来惩罚法官。

梦：法官怎么会让自己有错，按自己意思判不就行了？

鞅：为确保法官、官吏、百姓都不敢犯法，秦法的立法权、执法权、监督权三权是分立的，秦国法官只负责解释法律，不负责进行具体判决。

梦：秦国的法官告诉我，豆芽是否能吃得？

鞅：为了克服法律的滞后性，对于你这类问题，法官会根据立法精神来释法，称之为法律答问。不准采刚发芽的植物，初衷是为了人与自然和谐可持续发展，吃豆芽不违反，所以可以吃。

梦：听起来好像很高级的样子。

鞅：《云梦秦简》中有很多法律答问的具体内容，比如"偷摘别人的桑叶，赃值不到一钱，如何论处""父亲偷儿子物品，如何论处""偷羊，栓羊的绳子值一钱，绳子算不算赃物"等。

梦：这和重农抑商有什么关系？

鞅：说明秦法严谨，为民生而立，不会随意而为。重农抑商也是从民生考虑的，如同高考选科，理科生是重理抑文，文科生是重文抑理，重农抑商只是比例和程度的区分。作为农业国，重农是应该的，同时，抑商也不是为了阻碍商业发展，而是规范商业活动。

梦：收取重税不是阻碍商业发展？

鞅：那要看对什么收重税。比如你之前说的酒肉，在战国时期算是奢侈品，普通民众是消费不起的。对奢侈品收重税，对于民生没有太大影响。对于除粮食以外的日常所需商品，如柴、鞋、布等，则是轻税的。

梦：那你还是抑制了商业发展啊？

鞅：如果因为这个原因就非议我，我只能说你是那种"民饥何不食肉糜"的人物。我抑商是为了重农，就像你一个理科生高考时研究文学一样，如果因此导致数理化成绩下滑，老师和家长不让你研究，是否正确呢？在秦国，民饥民贫，如果商业流通阻碍了农业生产，当然要抑制。

梦：《商君书》中说"废逆旅"，就是说要把旅馆全取缔了。没有旅馆，商队就无法住店，商品也就很难流通，这肯定阻碍商业发展啊。

鞅：如果我关闭了旅馆，那家拒绝我入住的旅馆是怎么来的？我抑商，但不是废商、禁商。我把农商官定为"国之常官"，甚至还把"商"列在"官"的前面。秦国有国市、军市、集市，有市必有旅，有旅必有舍，旅舍是不可能废除的，旅舍不能废除就要控制规范。"废逆旅"的意思是，不允许商人私自经营，改由官府经营和控制，分两种形式。一是主要道路上设国有驿站，用于接待公务活动和商队，《云梦秦简》中的"传食"部分就是规范公务活动人员保障的标准。二是乡里小道上设小旅馆，国家控制所有权，个人承包经营权，由官府批准登记，用于接待零散商客和迁移人员。通过凭据入住、登记上报、告奸连坐的方法，规范旅舍的运行，可以大大减少四处浪荡的"逆旅之民"，有利于农业和商业发展。

梦：凭据入住是什么意思？

鞅：凭据入住很好理解，所谓"据"就是照贴和介绍信。如果远方亲属生病要照顾，或者要去外地用俘虏的奴隶去换回服刑的亲人等，他可以找里长开个介绍信，凭照贴和介绍信就可以在路上入住旅舍。如果你说"世界那么大，我想去看看"，里长不会给你开介绍信，你出行就无法入住旅舍，还会被怀疑是盗贼而受到盘问检查，最后遣返原籍。

梦：不自由毋宁死，限制人身自由和迁移自由，你还敢说秦国不是专制落后的国家？这种国家将人民视为养在笼子里的鸡，人民必然会唾弃它。

鞅：又来了。你知道朝三暮四的典故吗？

梦：不知道。

鞅：这个典故出自《庄子·齐物论》。说宋国有个老人，喜欢猴子，养了成群结队的猴子，并能与猴子交流。他宁愿自己少吃点，也要让猴子吃饱。但是不久，家里缺粮食了，只能定量给猴子供应食物。于是他对猴子说："以后每只猴早上供应三个橡子，晚上供应四个橡子，可以吗？"猴子听后，生气地跳了起来。他接着说："以后每只猴早上供应四个橡子，晚上供应三个橡子，可以吗？"猴子听后，高兴地趴在地上表示赞同。

梦：这个老头真奸诈，欺负老实猴。无论朝三暮四还是朝四暮三，猴子所得到的并没有增加或减少，听信老头花言巧语就由生气变为高兴，这猴子是真傻真可笑。就像你们专制的暴秦，用朝三暮四来蒙蔽人民，限制人民的自由，秦国人民是真苦真可怜。

鞅：你自以为聪明，以为看透一切，说这个老人奸诈，说猴子傻。那老人为猴子付出的爱就被你全部抹杀了？你们养生圈有句话说："早上吃好，中午吃饱，晚上吃少。"我们那个时代，人们只吃早晚两餐，喂猴也是这样。猴子白天要活动，晚上又不需要加班熬夜，也没什么夜生活，听到朝三暮四当然生气，听到朝四暮三当然高兴，不是猴子傻，而是肚子比脑袋更客观。按你的说法，既然总量没变，那你早上不吃饭，中午不吃饭，晚上把三餐一起吃了，可以吗？

梦：我就不吃早饭。

鞅：那是因为你懒。不按时吃饭伤身体，猴子可没你那么傻。我承认秦国限制自由，但不能因此就说秦国专制落后。不凭证出行，那么不务正业的游民就会增多，不劳而获的疲民就会增多，拦道抢劫的盗贼就会增多，到那时，百姓都不敢出行。对于人民，哪种方法才会带来真正的自由？

梦：有限制就是不自由，就是专制！

鞅：自由是相对的，不是绝对的，你咋不上天呢？因为地球有引力。

梦：我不上天是因为我能力不够，国家又没有限制我上天。

鞅：不知法真可怕，你们现代国家对领空飞行都有明文要求。即使外太空，因为太空垃圾的增多，国际组织也在设法限制。你即使上了天，也是为国际社会添负担啊。

梦：你居然说我是垃圾，我要告你！

鞅：依你所说，我有言论的自由。

梦：你……等着，我把你脑洞成丑八怪！

鞅：我成了丑八怪，只有你能看到，还是恶心自己。何必呢，何苦呢，学术探讨非得弄成人身攻击吗？

梦：算你说得对，继续。登记上报又是什么意思？

鞅：你网购过没有？

梦：你肯定没有过。

鞅：其实你们现在的物流和秦国商旅流通的理念、原理是相通的，登记上报如同卖家发货后物流公司的扫码登记，货到哪里，你上网一查就知道。只不过你们依托的是电脑网络，秦国依托的是人力网络。旅舍负责登记上报来客人数、相貌、携带钱物等详情。

梦：那不是很麻烦？

鞅：怕麻烦就不要承包，可以去垦草，也就是务农，官府免费提供种子和工具。秦法是不怕麻烦的，如同路口红绿灯和交规，有肯定比没有麻烦，可是没有会引起大麻烦。表面上看，登记上报很麻烦，其实它有很多好处，还可以减少刑事案件。

梦：这和减少刑事案件有什么关系？

鞅：Too young，too naive。知道镖局吗？

梦：保护货物流通的，按照你抑商的做法，你们秦国肯定容不下。

鞅：秦国的确没有，也不需要。因为登记上报制度，官府会掌握全部人、财、物的流通过程，发挥镖局保护货物的作用。比如你贩卖一车瓦罐，第一天晚上在 A 店住，A 店登记上报，按行程第二天应该到 B 店住，但 B 店没有登记或是上报与 A 店不符，官府就要跟进，查是否被店家、山贼或是同行人给黑了。即使被黑了，黑货在市场上也无法卖，因为没有流通证明。这样其他人就没有黑你的动机，刑事案件也就相应减少了。

梦：那 A 店一开始就黑，人埋了，钱留着，货贱卖给下一个来的商人。

鞅：人都有犯罪的可能，但秦法会减少人犯罪的冲动。掌握流通信息，既防止奸商以次充好、图谋暴利，又可以保障商业安全。人出行要找里长开介绍信，商品生产、采购、流通也是有凭证的，商人不会买来路不明的商品，因为他卖不出去。秦国的市场上，商人都不能直接接触到钱的，顾客买完东西，将钱投入一个专门的瓮中，就像你们公交车上的投币箱一样，掌管市场的亭长每天要对账、核算、登记、上报。所以，非法行为很难得到实际利益，刑事案件就会大大减少。

# 告奸连坐究竟有多残暴？

梦：说得跟真的一样，我们现在科技信息水平这么发达，不还是出现了三聚氰胺的奶、苏丹红的蛋、染色的馒头、有毒的豆芽、假药假疫苗？

鞅：那是因为你们没有实行告奸连坐。

梦：告奸连坐，连累无辜，轻罪重罚，是野蛮人的行径。不告奸就腰斩，动不动就砍手、砍脚、割鼻子制造残疾人，用这种残暴酷刑迫使民众守法，即使有一时之效，在这样的高压专制统治下，秦人又有什么幸福而言？我们礼仪之邦是不会采取这种告奸连坐的残暴方法。

鞅：不要以司马迁的记载来判断秦法，毕竟他离我年代很远，而且立场与我相对。你可以去仔细看看秦国法律文本，就是《云梦秦简》和《里耶秦简》等，秦法处罚是以罚款、强制劳动为主，肉刑相对很少，不告奸就腰斩这种说法，小学生相信还情有可原，再大一点儿就只能说是大脑发育迟缓了。

梦：不允许贬低小学生，现在小学生也超厉害的。

鞅：两千多年的污蔑，一时澄清不了，我也理解，只是希望你能理解法的精神。孝公封我为商君，此时秦民富足、秦国强大、秦军战斗力爆表，四周之国贫民和奴隶有机会的就逃往秦国，没有机会的也心向往之。此时，各国有识之士和民众改革之声涌起，而贵族集团为了自己利益，就造谣出秦国不告奸就腰斩，秦国最紧俏的商品就是假肢，秦人以没有鼻子为美等等，这样改革的呼声就平息下来了，还激起本国民众对秦国厌恶和反抗。

梦：你敢说你没有轻罪重罚？

鞅：为了以刑去刑，我的确有轻罪重罚，这要看怎么理解轻罪和重罚。比如法官记错了法令条文，你会怎么惩罚他？

梦：人非圣贤孰能无过？批评教育一下，记个过，下次再犯就撤职！

鞅：我不管你是不是圣贤，记错了法令条文，就用该条文的罪名惩罚法官。

梦：那如果是杀头的条文呢？

鞅：那就杀头，当然前提是法官在给民众释法的时候记错了，在学堂里学习考试时记错了不算。

梦：这么重？

鞅：若有人胆敢在校定法令时，私自增减一个字以上的，就是死罪，即使秦王和周天子想特赦他，也不可以。

梦：为什么惩罚这么重？都不给改过自新的机会。

鞅：因为对这种行为的宽容会导致更多民众的犯罪。所以秦国的法律不仅衡量当前影响，还要看长久影响。

梦：哦，我明白了，韩非子曾解释过轻罪重罚。比如，对道路上倒灰的人要剁手，让他们不敢犯小错，这样大错也就更不敢犯了，从而以刑止刑。

鞅：这是《韩非子》记载孔子对古法的解释，不是秦法的规定，韩非子太武断和书生气了。照他的想法,只要故意犯罪就施行肉刑,小罪重惩就能防止重罪出现,这是术治,不是法治。《韩非子》损害了秦法原本的法治精神,误导了嬴政。轻罪重罚是指,秦法的惩罚对官吏要重于民众,对群体犯罪要重于单人犯罪,对教唆未成年人犯罪要重于自己犯罪等,还有对偷桑叶不值一钱要按偷窃一钱判刑。但绝对不会说,哪只手摘桑叶,就把哪只手砍了,绝不会用残酷的样式来谋求以刑去刑,因为那样的结果只会以刑增刑。你明白吗?

梦:不明白,我觉得韩非子说的轻罪重罚比你说的更好懂,也更好用。

鞅:如果你不小心踩死别人一只鸡,他让你赔十只鸡钱,合不合理?

梦:不合理。

鞅:可他说他的鸡会下蛋,蛋会孵小鸡,小鸡长大还会生蛋,蛋会孵小鸡,这样要你十只鸡钱已经很仁慈了。

梦:……

鞅:韩非子就是这种意思。不合理的法是不会被民众拥护的,也是执行不下去的。很多人迷信由上而下的强权,如果强权可以解决一切,那我徙木立信还有什么意义?

梦:你变法改革不依靠强权?

鞅:当然依靠。没有强权一切都无法推行,但没有民意,一切都很难推动。

梦:这么强调民意,怎么觉得你有点像孟子的主张啊。

鞅:法家和儒家初心是一样的,都是为民爱民,君主只是国家的代表,并不能代替国家和人民。法儒两家只是后期才逐渐对立,可悲的是,之后都变成为国君服务的工具。

梦：既然目标一样，你也通晓法儒两家，为什么不能将法儒结合起来治国，这样名声也好听啊。

鞅：一、任何改革都不能脱离当时的实际，对于秦国，法家的方法最有效。二、目标一致但方法不可能同时用，比如你写作业，可以用圆珠笔，可以用钢笔，也可以先用圆珠笔后用钢笔，但你不会同时用两支笔。三、儒家的仁义方法写写说说很吸引人，真正用于治理国家往往会有很大问题。

梦：仁义治国有什么问题？仁义治国最大的问题是有些人不仁不义，导致仁义推行不下去，如果大家都讲仁义、讲礼仪，那就是美好的世界。

鞅：我从不反对仁义礼仪，我只是反对用它来治理国家。周公你知道吗？

梦：周公吐哺，天下归心，谁人不知，谁人不晓？

鞅：站在儒家立场，你这么讲是没问题的。但站在法家立场，这么讲就不严谨了，周公他太爷爷就不一定知道周公。

梦：不允许诋毁我的偶像。

鞅：好吧，那我们用事实说话。为了控酒，我采取税收手段，收取十倍成本费，你们就骂我。看看仁义的周公，在代理年幼的成王执政时，发布了《酒诰》，规定酒只用于祭祀、养老，凡是聚众饮酒的，全部捕到周都的东城处死。再看看刘备，另一个仁义的代表。刘备做太守时，为了禁酒，对酿酒者一律下狱，对家里有酿酒工具的，一律抓起来。

梦：那是为了更多人好，大行不顾细谨，大礼不辞小让。

鞅：这就是治理国家，法儒不能融合的原因。举一个典型的名臣、忠臣、能臣、仁义之臣的例子。张咏，字复之，号乖崖，谥号忠定，所谓北宋太宗、真宗两朝的名臣。

梦：印象不是很深刻，没有你有名。

鞅：因为我被骂了两千多年，当然有名。而像他这样的名臣太多了，所以你容易忘。《鹤林玉露》描述，张咏担任崇阳县令时，有一天，他发现一个从钱库中出来的小吏，头巾下藏了一枚铜钱，经过盘问，证实这枚铜钱属于钱库。张咏下令杖打这名小吏，这个小吏不服气，在台阶下叫道："一枚铜钱算多大事啊，竟然要杖打我？你也就是有本事杖打我，但你没本事杀我！"张咏非常恼火，提笔写下判词："一日一钱，千日千钱，绳据木断，水滴石穿！"然后，张咏自己拿着剑，走下台阶，斩下那个小吏的脑袋。

梦：杀得好，防微杜渐，大快人心！

鞅：按照宋朝法律，监守自盗一枚铜钱，不犯死罪。即使是死罪，也要有层报、御批、秋决的程序。表面看，这个小吏死于盗窃，实际是死于不识时务，顶撞领导。以仁义为名枉杀滥杀，法家不会这样做，所以法儒不能相融。

梦：你说的这个张咏，是不是还发明了世界上最早的纸币——交子，被誉为"纸币之父"？

鞅：就是他。

梦：那他可是我们国人的骄傲！

鞅：发行交子的初衷是好的。可是当出现巨额财政开支需要时，宋朝官府滥用公信力，无限制地发行交子，最终造成通货膨胀，从而使交子丧失了信用，也就变成了废纸。仁义治国如同交子发行，初始很好，后续贬值。透支公信力，法家不会这么做，所以法儒不能相融。《宋史》还记载了张咏一件事，赞美他的通情达理。张咏做杭州知州时，正逢饥荒，百姓有很多人靠贩卖私盐度日。

有一次，官兵捕拿了数百个贩卖私盐的盐贩子。张咏得知后，随便教训了盐贩几句，便都释放了。部属们说："私盐贩子不加重罚，恐怕难以禁止。"张咏说："钱塘十万家，饥者十之八九，若不贩盐求生，一旦作乱为盗，就成大患了。待秋收之后，百姓有了粮食，再以旧法禁贩私盐。"

梦：难道不值得赞美吗？

鞅：畏而纵法，有何可赞？

梦：不赈灾然后把百姓饿死，严守法规然后逼农为盗，就是你们法家所为？

鞅：秦国的确不赈灾，但不会让百姓饿死，因为我们重视农业生产，连囚徒口粮都可以依法定量保障，更何况百姓？有存粮就不怕荒年，有粮食就不会逼农为盗。

梦：不赈灾，粮食怎么到百姓碗里？

鞅：你是不是觉得，搭个粥棚，烧点稀汤，看着一长溜饥民捧着破碗挨个领粥，喊几嗓子，大善人或皇恩浩荡的话，就是特仁义？

梦：可不是咋地。

鞅：这是小仁不仁。宋朝号称最有钱的朝代，"钱塘十万家，饥者十之八九"，居然还好意思谈仁义。秦国讲究大仁不仁。在荒年以工代赈，百姓劳有所得、老有所养，疲民无可容之所。

梦：这能说明什么呢？

鞅：这说明法家侧重务实，儒家侧重宣扬，法儒很难融合。就像告奸连坐，实际效果很好，但容易被污名化。

梦：告奸连坐听起来确实挺污的，实际效果真的很好吗？

鞅：推行依法治国的瓶颈，不在于立法，而在于法至必行。

要想法至必行，就要告奸连坐。

梦：法至必行和告奸连坐有什么必然的联系吗？

鞅：你和朋友一起吃饭喝酒，朋友们明知道你吃完饭要开车回家，还不停劝酒，不阻止你酒后开车。如果你醉驾被查，这一桌子的朋友都要受处罚。这就是连坐，实施起来，醉酒出事的情况就大大减少了。你开车时用导航，导航会告诉你，哪里有摄像头拍照，要小心驾驶。这是在提醒你，要在摄像头下面做个守法者，减少开车违规被罚的概率。摄像头就如同告奸者，你不守法它就举报你。摄像头全程监控，违章驾驶的行为就大大减少了。

梦：人家外国没有摄像头，深夜开车照样在路口等红绿灯。汽车不仅礼让行人，遇到鸡鸭猪狗企鹅啥的过马路，也都停着等。

鞅：一、不否认有些歪果仁的确比较正。二、外国也有摄像头。三、人的本性是一样的，人种国籍不会决定人的素质。四、优秀的群体必然有优秀的文化，优秀的文化来源良好的习惯，良好的习惯来自规范的行为，规范的行为必然有法的支撑。五、你说的外国不是指所有的外国，而是指有影响力和话语权的外国，这些国家应该有一个共同点，就是法制健全有效。

梦：那人家也没有实行告奸连坐啊。

鞅：你是故意装作无知的样子吗？以你们现代严谨守法的德国为例。德国法律规定，司机每开车4个小时，中途必须休息45分钟，且每天工作时间不得超过12个小时。为确保落实，每辆车上都安装有类似飞机黑匣子的仪器，车辆的启动、熄火都一一记录在案，年检的时候，检查人员只要检查一下黑匣子，就知道司机有没有遵纪守法。黑匣子就是告奸者。还有一个关于德国人闯红灯的故事。一个雪夜，有个德国人抱着侥幸心理驾车闯了红灯，被人发现举报，之后他的保险费、他妻子的房贷、他儿子的学费交纳都提高了要求，家人都以闯红灯为耻。这就体现了连坐。

梦：德意志民族就是厉害。

鞅：每个民族都有他的厉害之处，中华民族的兼并包容是很难得的。

梦：得了吧，酱缸文化。

鞅：真是无知者无所谓。酱缸文化的提法来自柏杨在纽约孔子大厦的讲话稿，原话是"任何一个民族的文化，都像长江大河，滔滔不绝地流下去，但因为时间久了，长江大河里的许多污秽肮脏的东西，像死鱼、死猫、死耗子，开始沉淀，使这个水不能流动，变成一潭死水，愈沉愈多，愈久愈腐，就成了一个酱缸、一个污泥坑，发酸发臭。"

梦：我没听说别的民族文化是酱缸文化或是污泥坑文化。

鞅：那是因为柏杨是中国人，说给中国人听的，希望中国人能更好，中华民族能更好，拥有中华血统的都能以中华民族为荣。他希望这个国家和民族能进步，而不是守着裹脚布一样的所谓"传统"固步不前或是自我阉割。他希望国人面对先进的事物，不能要么阿Q，要么去跪舔。

梦：那你说，他的《丑陋的中国人》说的是对还是错？

鞅：他本来是批判酱缸文化，你非要扯是批中华文化。他批官场文化，你非要扯是批传统文化。传统文化不仅是儒家文化，儒家文化也不仅是孔家文化，孔家文化也不仅是汉朝以后的独儒文化。他对独儒文化负面影响的批判，我觉得有道理。像你这样的人往往以偏概全，一旦读过或听过这本书，会走两个极端。一种是冲柏杨啐一口，说声"汉奸"。另一种是冲镜子里的自己啐一口，说声"丑陋"。都挺傻的。

梦：我呸。

鞅：你属于后一种。

梦：我……我可听说，五千年以来，中国政治的黑暗所带来的痛苦，中国人的奴性，都是源于你只要公不要私，把人民当工具的治国理论。

鞅：看起来，你的无知来自你的无齿。

梦：你居然敢骂我，这就是你的品行吗？

鞅：请注意我的口型，我说的是"无齿"，而不是"无耻"。无齿的意思是，还没有到长牙的年纪，或是到了牙齿脱掉的年纪，或是因为意外磕掉了牙齿并连累了脑子。总而言之，就是替你解释，无知并不是你的问题，而是牙齿的问题。

梦：麻烦你下次发音准一点儿，发音不准会带来误解的。

鞅：好的。现在我来自我辩解一下。我生活在公元前四世纪，说五千年的统治者都用我的治国理论，你是看穿越剧看多了吧？说我的理论是只要公不要私，我对此完全蒙圈，不知道依据和出处在哪？总不会是因为我变法后，秦人怯于私斗、勇于公战吧？至于说我把人民当工具，导致中国人的奴性，来看看柏杨的说法，"儒家不但是很保守，而且是反对进步的。在历史上看，商鞅是法家思想，变法把秦王朝变成一个强盛的国家。变法前，人民生活是非常贫穷，父兄姊妹、大大小小都在一个炕上睡觉。变法后，使他们过文明生活……他成功了。最后还是身败名裂，家破人亡。下场是车裂，五马分尸。儒家学派也宣扬这些改革人的下场，阻吓中国人的进步。"

梦：他那是一家之言，少数派，喜欢他的人不多。

鞅：千人之诺诺，不如一士之谔谔。你先是引用他的话来表达自己观点，后因自己好恶又否认他的观点。这种断章取义，按自己心意胡说的行为真是令人反胃。如果我不是你脑洞出来的，我早就拂袖而去了。

梦：百家争鸣才能出思想，观点碰撞才能出火花。听到不同言论，你就要拂袖而去，难怪大家都说法家焚烧诗书，限制言论自由。

鞅：争鸣不是制造噪音，碰撞不是互相伤害。法家可没有搞过罢黜百家，独尊法家。至于限制言论自由，任何时代任何执政者都会做吧，只不过程度不同、方法不同而已。

梦：可是秦国对言论的限制令人发指。老百姓敢议论朝政就问斩，走在大街上人们都不敢说话，只能用眼神打招呼。

鞅：你这么说，我除了叹气，还有什么好说的呢？

梦：被我戳到痛点了吧。

鞅：《史记》记载，我刚变法时，国都有数千人议论新法的不便，那我也没有因此处罚任何一个人。《云梦秦简》上的秦律，对社会各方面都做了很多规定，也有很多案例，但没有一条因言获罪的规定和例子。

梦：可是这些人后来赞颂新法好的时候，你新账旧账一起算，把他们都流放到偏远之地了。

鞅：我把他们流放到偏远之地，首先就打了你的脸，没有执行你"老百姓敢议论朝政就问斩"这一条。其次，我像那种可以赊账的人吗？之前没有处罚他们，是因为他们并未违法。新法刚颁布执行，旧的习惯和秩序被改变，肯定会有磨合和适应期，说新法不便没有错，当然不违法，所以即使议论新法不便，也不会因此受到惩罚。

梦：这就很搞笑了。他们反对新法你不弄他们，赞扬新法你反而弄他们。

鞅：反对不代表违反，秦法诛行不诛心。赞扬不代表遵守，不能成为规避秦法的理由。

梦：既然反对新法不违法，赞扬新法怎么会违法？

鞅：这就很搞笑了。在第一次变法基础上，我进行二次变法，谁知公布没多久，这帮人就扛着竹简在都城游行。

梦：有那么大的竹简吗？

鞅：聚小成大。

梦：扛着竹简赞美新法？

鞅：对。领头两块写着"左庶长的新法好，千秋万载少不了"，有人打着快板"左庶长，好好好，我们的生活少不了……"，有人高歌"我的左庶长，不能没有你……"，还有人举着一个大伞，说是"万民伞"，上面按了成千上万个拇指印，为我收集到了一万个"赞"……

梦：不会吧？

鞅：时间久远，具体形式和细节我记的会有出入，总体意思是这样的。

梦：那他们怎么违法了？

鞅：犯了行贿罪。

梦：这算什么行贿？

鞅：传说清朝乾隆下江南的时候，在镇江金山寺问一个僧人："这里这么繁华，长江中一天到底要过多少条船？"僧人答："一条为名，一条为利，整个长江之中来往的无非就是这两条船。"阿谀媚上，以私害公，这是用名声来行贿我。

梦：不会吧？有的名人可是把这当成最高追求，求而不得呢。

鞅：那是人治目标，不是法治目标。之后嬴驷、嬴稷为秦国君主时，都严厉处罚过为君主杀牛祝寿和歌功颂德的官员庶民。这才是法治目标。

梦：所以你就把他们都赶到秦国边境偏远之地了？

鞅：我必须纠正一下，不是我把他们赶到秦国边境偏远之地。而是他们违反了法律，按照相关规定，应该受到这样的处罚。包括之前你说的"弄"或"不弄"的依据是法，不是我的看法。秦国朝会上讨论怎么处理这件事时，甘龙、杜挚说："法理不外乎人情，这是善行，就要善待；而且又是数千人，加上跟着去的亲属，一次迁移就要过万人。法不责众，这么多人同时犯法，左庶长也要反思新法的合理性"。我在反驳他们时，说了句"此皆乱化之民也"。

梦：奇怪啊，甘龙还可以和你朝议？

鞅：奇怪啊，为什么不可以？

梦：他不是极力反对你变法吗？当初争论变法时，他可是最大的反对派。

鞅：那是他的权利和自由，不违法当然就可以。之后秦国历次决策，都有反对派，都有言论的自由。即使你牵只鹿到朝堂上，然后说它是马，也是可以的，因为不违法。

梦：那是你们统治阶级内部的自由。

鞅：史料记载，"今秦妇人婴儿皆言商君之法"，说明秦国百姓也有言论自由。再举个例子，《史记·滑稽列传》记载了一个名叫优旃的秦国侏儒艺人。优旃擅长说笑话，然而都能折射出大道理。嬴政在位的时候，一天在宫中设置酒宴，正巧下着大雨，宫殿外站岗的卫士都淋雨受寒。优旃见了，十分不忍，就问卫士们："你们想休息吗？"卫士们答："非常希望。"优旃说："我有办法，如果听到我呼唤你们，你们要很快地回应我说'诺'。"过了一会儿，宫殿里的人向嬴政祝酒，高呼万岁。优旃依靠在栏杆旁大喊："卫士们。"卫士们答："诺。"优旃接着喊："你们虽然高大，有什么好处？只能有幸站在露天淋雨，我虽然矮小，却有幸在宫殿里休息。"于是嬴政让卫士们减半，轮流休息。

梦：这个例子说明了什么？

鞅：说明了秦国言论自由程度和秦始皇的处置态度。试问一下，在你们这个自由又民主的时代，有哪一个国家，能容忍外来的滑稽演员和你们的内卫侍从这么做？

# 商鞅有没有焚书坑儒?

梦:那你焚烧诗书,桎梏文明总赖不掉吧?这可是你的同门韩非亲口说的,你教秦孝公"燔诗书而明法令"。

鞅:赖?凡事要讲道理,请举例说明我什么时候赖过了?请不要用情感的倾向来压制逻辑的严密。

梦:我指的是焚烧诗书这件事,你肯定会赖掉。

鞅:为什么?

梦:之前你说"焚书坑儒"不是你干的。

鞅:的确不是我干的。

梦:哈哈,不敢承认了吧。

鞅:焚烧诗书这件事我的确干了。

梦:您早这么说不就完了吗,当然我也理解您,进了厨房就不能怕热,说谎是政治家不得不具备的本领,毕竟有些像烧诗书、毁文明、愚弄人民的事是只能做不能说的。

鞅:把说谎当作必备的是政客,不是政治家,而且永远成不了政治家。政治家是为民请命,是靠诚信安身立命的,一次谎言就会毁了万次努力。

梦:那我只好把您当政客看了。

鞅：把我当什么都无所谓，自己问心无愧就好。

梦：您之前否认"焚书坑儒"，可刚刚自己又承认了，这不是谎言是什么？

鞅：后人焚书坑儒和我焚烧诗书，这是两个时代的特定历史事件，你别故意混淆和偷换概念。

梦：焚烧儒家经典，坑了儒家学者，这个坑不是坑杀的意思，是坑人的意思。我是借用"焚书坑儒"这个词。词语活学活用，您懂吗？

鞅：你这个坑挖得真奇特。

梦：士子十年寒窗苦读，为求一朝成名致仕。您这么一焚烧诗书，可不是把他们都坑了吗？

鞅：好吧，按你这么说，我的确坑了他们。可是不坑他们，就会坑了秦国老百姓。如果让你治理一个国家，你选择损害五百人受益五百万人，还是损害五百万人受益五百人？

梦：我要所有人都受益。

鞅：你这种想法在二次元可以，在三次元会误国的。变法改革就是利益调整，必然会导致一部分人利益受损。治理国家，两害相较取其轻，两利相较取其重。

梦：您这胡扯该不是跟我活学活用的吧？焚烧诗书，开了摧残文化的先河，坑了秦国所有人！坑了之后中华民族所有人！怎么会有什么益处？

鞅：你说我焚烧儒家经典，坑了儒家学者，请问儒家经典有哪些？

梦：儒家经典很多，我知道的有《四书》《五经》。

鞅：诗指什么，书又指什么？

梦:《诗经》和《尚书》。

鞅:作者是谁?

梦:当然是我们伟大的孔圣人!

鞅:应该这样说,当然是我们"大成至圣先师文宣王"——孔圣人!

梦:话是好话,为什么从您嘴里说出来有种怪怪的感觉?

鞅:《史记·孔子世家》记载,"古者诗三千余篇,及至孔子,去其重,取可施于礼义,上采契后稷,中述殷周之盛,至幽厉之缺,始于衽席,故曰'关雎之乱以为风始,鹿鸣为小雅始,文王为大雅始,清庙为颂始'。三百五篇孔子皆弦歌之,以求合韶武雅颂之音。礼乐自此可得而述,以备王道,成六艺"。

梦:什么意思?

鞅:第一层意思,诗经原来有三千多篇,被孔子删了一个零,变成三百零五篇了。

梦:浓缩的都是精华。

鞅:精华我不否认,孔子能力我也佩服,可是你不能用精华版来代替完整版。

梦:孔圣人是为大家好,就像考试划重点一样,精华大家都喜欢。

鞅:有重点当然好,可是,不是重点就不学了吗?上学就是为了考试吗?

梦:上学当然为了考试,不考的内容谁学?

鞅:恭喜你解答了钱学森之问。

梦:什么之问?

鞅:不是考试内容,你不用知道。第二层意思就是你刚才表现的那样。儒家那帮人把四书五经当作教范，用所谓"精华"圈住思想，动不动就讲"先王、先师、先圣、先祖"，以古非今，眼光不是望向深邃的星空和未来，遇到问题就感叹人心不古、世风日下。

梦：说得我莫名其妙，我表现什么了？

鞅：你表现出两个字：应试！诗经三百五，皆弦歌之，选人用人先考一考，不合格的都被定为是末流。后生只能踩在先生的鞋底印上前进，先生先死，后生就不会前行。不烧这三百五，诗经以外再无新诗歌。所以我要烧这诗经，因为我知道它少了一个零。我要烧了这诗经，因为它禁锢人们的心灵。我向孝公提议，等天下安定下来，一定要专门设立一个机构，采集民间诗歌，推进开放的文明。

梦：您逗谁呢？您说的机构是汉乐府，是孔圣人的后儒弟子们创建的。我可没听过什么秦乐府？

鞅：乐府的确是秦朝创建的。

梦：那秦朝的诗呢？秦朝的歌呢？

鞅：你觉得那帮独儒会让秦朝诗歌流传下来吗？文化阉割他们最拿手。可是他们不会想到，秦诗秦歌的精神在民间代代传承。三秦大地上，诗歌已融入日常，货郎用歌声来叫卖，农民用歌声来祈雨，婚嫁用歌来举行仪式，喝酒用歌来猜拳，歌还可以来记叙重大事件。

梦：那你烧书干什么？

鞅：《诗经》只是删减版，可这个《尚书》是个实实在在的赝品。

梦：怎么可能？

鞅：这已经被你们的清华简证实了的，传了两千多年所谓"经典"只是个赝品。

梦：这都是你的错。

鞅：我的错？

梦：如果不是你烧了原版真迹，影响秦始皇也焚书坑儒，真的经典怎么会消灭？冒牌的内容怎么会出现？

鞅：你这种说法，早就有人提出过了。清代段玉裁在《古文尚书撰异》里说："经惟《尚书》最尊，《尚书》之离厄最甚。秦之火，一也。汉博士之抑古文，二也。马、郑不注古文逸篇，三也。魏、晋之有伪古文，四也。唐《正义》不用马、郑，用伪孔，五也。天宝之改字，六也。宋开宝之改《释文》，七也。七者备而古文几亡矣！"

梦：所以损害中华文明最大的恶源就是你们暴秦焚书坑儒！就是你商鞅焚烧诗书！

鞅：哈哈哈哈，真是什么锅都让我来背。真的没有了，就要造假吗？谁造的假，还不是满腹仁义的儒士吗？

梦：你不能用别人的错来回避你自己的错，问题的根源还是你烧了原版真迹。

鞅：我烧的是赝品。

梦：那正品呢，总不能说是我烧的吧。

鞅：你不可能烧的。

梦：对啊，我又不能穿越。

鞅：穿越也没用，你分不清真伪。

梦：那你凭什么判定真伪？

鞅：魏相公叔痤府上有正版，我看过。

梦：反正我不信。

鞅：信不信由你，那是你的自由。如果你愿意探讨，以后可以自己去研究《尚书》和孔子的关联。

梦：听你的意思，是说孔圣人编写的《尚书》是赝品？

鞅：对。《尚书》古已有之，半途而失，孔子托古而作赝。

梦：既然《尚书》半途丢失了，公叔痤出生比孔圣人晚，那公叔痤的相府怎么会有原版正品？

鞅：如同《云梦秦简》，你们现代人知道，而比你们出生早的唐代人就不知道。当时的魏国是天下财富和文明的中心，公叔痤的相府典藏远超齐国学馆，藏有绝版的《尚书》而不被外界知道，这是很正常的。我在相府任中庶子，正好分管整理书籍的事，能看到原版正品，也是很正常的。

梦：你是想用赝品《尚书》来质疑孔圣人的品德吗？

鞅：两码事。康有为等尊孔派认为，《尚书》等六经是孔子"托古改制"之作，无孔子即无六经，从而神化孔子。赝品并不一定代表差，要不然赝品《尚书》也不会骗了两千年。我之所以要焚烧诗书，第一个原因是当时的诗书要么以偏概全，要么以假乱真。第二个原因也是更重要的原因，诗书的作用被甘龙他们弄得太僵化了。

梦：究竟是多僵化呢？

鞅：甘龙他们说，百里奚被秦穆公任命为五羖大夫，负责秦国政事，在秦国境内推行教化，巴国的人就向秦国进献供品；以德行施予秦国周边的诸侯，连八方的野蛮人都来臣服。秦穆公之所以能称霸天下，都是因为百里奚推行的教化德行，而百里奚的教化德行就蕴含在这诗书之中。

梦：没毛病啊。

鞅：甘龙他们因此规定，任公职、受爵位必须考诗书，把诗书分为九级，进入官府的最低资格是诗三级、书五级。

梦：这也没毛病啊，这是文明的象征。

鞅：可人的精力是有限的。甘龙他们不管你从事什么行业，都必须背诗书。这是多大的浪费。而且他们有一套标准答案，要是光死记硬背也就算了，还动不动问原文作者是怎么想的。貌似启智，其实是弱智，谁知道原文作者是怎么想的，标准答案都是他们自己的胡思乱想，强加于人。这怎么会有创新，怎么会有进步？

梦：您别激动。

鞅：当官的不钻研怎么搞好自己管的那摊子事，上班对着一卷卷诗书，想着下班到哪个同僚家以诗会友、谈书宴饮。有一次，一个武将报请国府增加兵器装备，他们居然有人念了一首《无衣》，"岂曰无衣？与子同袍。王于兴师，修我戈矛，与子同仇！岂曰无衣？与子同泽。王于兴师，修我矛戟，与子偕作！岂曰无衣？与子同裳。王于兴师，修我甲兵，与子偕行"，说立足现有修一修就行了，可不敢把秦国好的传统弄丢了。

梦：这就有点过了。

鞅：官风带动民风，各个行业以懂诗书为荣，"万般皆下品，唯有读书高"，一大批"新西方""魏孚教育"等培训机构应运而生。浴血奋战的战士没地位，辛勤劳作的农民没地位，精雕细琢的工匠没有地位……更可叹的是那些文人骚客、浮官败吏正事不干，还捧红了一批不劳而获的卖弄戏子，导致刺绣文不如倚市门。所以，我怎么能不生气。

梦：是挺让人气愤的。

鞅：我初到秦国，他们说我没考级，没资格，死活不让我面见孝公。

梦：那您考一个不就得了，我相信您的能力。

鞅：可考级必须参加他们的培训班，要划圈子拜老师，有的还要盲选，看看你能不能让他转身。

梦：所以您就找太监走后门？

鞅：哪个太监？

梦：您别装了，景监啊。

鞅：景监是太监？你听谁说的？

梦：很多关于你的书，都这么写的。

鞅：我建议你，凡是把景监说成太监的书，你都不要往下看了。要么是水平低，要么就是胡扯。景监是孝公心腹大臣，《求贤令》就是他带到魏国散发的。

梦：你与景监相遇的场景是不是像电视剧里那样惊心动魄？

鞅：没那么复杂。《求贤令》是千古奇文，然而在当时，很多人是把它当成笑谈的。有人说这是对贤士赤裸裸的色诱，东施效颦连老光棍都吸引不了。还有人说，秦国那样蛮夷之地，分土等于邀请你去流放。

梦：不会吧？

鞅：当时魏国还有个笑谈。魏惠王放出话来说，丞相公叔痤病糊涂了，利令智昏，居然推荐自己府上的中庶子接替自己掌管魏国。

梦：所以景监就去找你了？

鞅：是的，我们相谈甚欢。他提出了邀请，我接受了。

梦：照您这么说，人们误解《求贤令》，那秦国就求不到贤士了？

鞅：我不是吗？

梦：我是说除你之外。

鞅：当然去了不少人，毕竟"光棍"还是很多的。

梦：那秦国应该是求才若渴啊，怎么会不让你见孝公呢？

鞅：一、"光棍"很多。二、孝公求才若渴不代表那帮官僚也求才若渴。

梦：你通过景监走后门见孝公，为什么不直接说出你的主张？是对自己缺乏自信？还是对孝公缺乏信心？还是示劣藏优以择枝而栖？

鞅：我也想直接点，没想到出了岔子。孝公听景监说我对强国有深刻的见解，于是答应提前见我。可是甘龙那帮人得知后，表示强烈反对。

梦：他们不同意？

鞅：甘龙对孝公说，秦公想召见谁就见谁，这没问题。问题是这个口子一开，怎么对外面排队的贤士解释，以后那些名士国士怎么看待秦国？国君落下坏名声不要紧，秦国因此坏了名声，恐怕再无出头之日，最后说了一句，"老臣惶恐"，就趴在地上不动了。

梦：那就让他趴着呗。

鞅：孝公肯定不能那么干。孝公对我又不了解，甘龙说得也没错。

梦：可后来，您不还是和孝公见了好几次吗？

鞅：孝公把皮球踢给了甘龙，说和我已经约好了，不好爽约失信，问甘龙有什么好主意。甘龙见孝公给了他面子，他也就给孝公一个台阶下。甘龙说："贤士最基本的就是懂诗书，既然卫鞅没有诗书等级，那就借召见的机会考一考。第一场考书，如果过了，第二场考诗，如果也过了，秦公再与其论政，这样大家就都没意见了。"

梦：诗书考级，为什么先考书后考诗？

鞅：因为他们第一场就没想让我过，根本不想让我有考第二场的机会，所以来个先难后易。第一次与孝公见面，不是我俩之间的交流，而是甘龙对我的考试。甘龙说，别人考入公职，至少需要过《尚书》五级，考虑我想插队，要通过七级才行。

梦：这不是刁难人吗？他是主考，不想让你过，估计你三级都过不了。

鞅：有难度才有意思，正所谓风生水起才知天高云淡，沧海横流方显英雄本色。第一场考试，前半段是客观题，我全部答对了。之后，甘龙让我谈读书体会，说如果我能让他听满一炷香的时间，就算我过关。

梦：那你肯定过不了，他说你不行就不行，行也不行。

鞅：你看过《笑傲江湖》没有？

梦：看过。

鞅：左冷禅和岳灵珊比武那段有没有印象？

梦：记不太清楚。

鞅：我提示一下。比武前，岳灵珊说要在左冷禅面前施展一十三招嵩山派剑招，左冷禅功夫比岳灵珊高太多，准备一招就让岳灵珊惨败。岳灵珊面对左冷禅，一开始就展示她爹教给她的嵩山派失传的剑法。左冷禅作为嵩山派掌门人，见岳灵珊演示本派失传的雄奇精奥的剑招，凝神专注要看个明白，嵩山派门下的弟子们，也都个个目不转睛，生怕漏过了一招半式。结果，岳灵珊在左冷禅面前施展了一十三招后，左冷禅才回过神来。

梦：记起来了，这和你考试有什么关系？

鞅：他们学的《尚书》本来就是赝品，我把正品一讲，三皇五帝的故事一说，他们就听得忘了时间，从上午一直讲到要吃晚饭，肚子咕咕叫才结束。

梦：甘龙他们能入迷到这种程度？

鞅：让我非常高兴的是，语事良久，孝公"时时睡，弗听"。结束之后，孝公非常生气地对景监说："你推荐的那个宾客是个虚妄的人，没有什么用处！"说老农民都知道，"日出而作，日入而息。凿井而饮，耕田而食。帝力于我何有哉"！

梦：孝公那么生气了，您还高兴？

鞅：当然了，这说明孝公不是迂腐的君主。而且我通过这次考试也向孝公灌输了一个理念，即使精通《尚书》，也只不过是个妄人。

梦：之后景监去责怪您，您说："吾说公以帝道，其志不开悟矣。"这又是什么意思？

鞅：上一场我是在应试，甘龙考《尚书》，我当然要讲帝道。讲帝道的目的是在于让孝公明白帝道不可行，我说这句话的意思，是感慨孝公他怎么就看不穿。

梦：《史记》记载："后五日，复求见鞅。"为什么第一场考试结束后，过了五天，才考第二场呢？

鞅：因为孝公很生气，不想和我这个妄人见面了。

梦：所以你让景监去求孝公再见一面。

鞅：哪里是景监，是甘龙他们求孝公，要进行第二场《诗经》

的考级。

梦：不会吧？

鞅：因为第一场考试，他们听得意犹未尽，私下里要和我交流，都被我以考试前考生与考官见面不妥为由，给推掉了。所以他们急于考第二场，想听我再讲解儒学。

梦：然后呢？

鞅：然后甘龙奏请孝公，要考第二场。孝公不想见我，就不同意。甘龙再去请求孝公，孝公又驳回。最后，甘龙以不能失信为由，劝动了孝公。就这样，来来回回折腾了五天，才考的第二场。

梦：真是不容易。

鞅：第二场考试，甘龙他们也不提问了，随我怎么讲。其实都很简单，考《尚书》就是讲帝道、讲故事，考《诗经》就是讲王道、讲道理。

梦：我记得《诗经》第一篇是《关雎》，是讲男女之间的思念，怎么会和王道有关系？

鞅：年轻人，不能只专注于情爱。《诗经》的核心是"德"，主要反映周朝以德治国的思想。我开篇就讲《蟋蟀》，然后《硕鼠》《鸿雁》《鸳鸯》……道理吧啦吧啦讲得甘龙他们连连点头。

梦：那孝公呢？

鞅：两次考试都是甘龙主考，孝公不方便当场发话。不过这次他没有睡觉。考试完毕，景监去后宫见孝公的时候，孝公正拿着根棍子在地上画圈圈，还问景监知不知道什么意思？

梦：画个圈圈诅咒你？

鞅：你动画片看多了。景监说不知道。孝公说，他在画饼。孝公接着说："你推荐的这个宾客，讲得都对，可都是虚的。大道理大原则大道德，空谈误国，这个饼画得再圆再大，也不顶事啊。"

梦：说明孝公对你还是不满意。

鞅：他越不满意，我就越高兴，说明孝公是个实干家，不会被表面的仁德王道所迷惑。当景监把孝公的话转告给我后，我兴奋得简直要飞起来，遇到这样的君主简直是天做缘、地牵线，我要立即求见孝公，多一秒等待对我都是煎熬。

梦：等等，您的表现有点过了吧？

鞅：景监当时也被我吓着了。他说："秦公对你是不满意的，你怎么还这么高兴？"他怎么会懂？曲高和寡，知己难寻，千年又有谁懂？

梦：我懂！

鞅：你懂？

梦：你喜欢孝公！

鞅：我噗……孝公二十一岁继位，的确是个很有嚼头的小鲜肉，可是我的性取向很大众。

梦：那你还那么兴奋？还天做缘、地牵线的。

鞅：得了吧，不要把我和孝公的关系低俗化了。

梦：可你说得这么夸张，肯定会引人遐想。

鞅：我那是意喻。世界上最伟大的不仅是爱情。有人把人的需求分成生理需求、安全需求、社交需求、尊重需求和自我实现需求五类，爱情只是社交需求之一。知音之间的理解、支持、相互提升、成就对方的自我实现，才是知音难觅、士为知己者死的原因。不是自夸，在魏国，凭我的能力、见识、计谋和对人心的把握，完全可以谋取到高官厚禄。只是那样，我会沉溺于权谋，法治的信仰会和我渐行渐远。为什么我由魏国到秦国来？因为给得再多，不如懂我。我从《求贤令》中看到了孝公的渴望，通过两次考试，我感受到孝公的睿智和坚定。幸福，我要的幸福，渐渐清楚。你说，我能不激动吗？

梦：孝公也不是你想见就见的。

鞅：我真怀疑你是景监转世。

梦：为什么？

鞅：因为他当时也是这么说的。

梦：（还好景监不是太监）。

鞅：是重臣。

梦：你违规了，又看括号里我的内心独白。

鞅：不好意思，一激动就忘了。见是肯定会见的，因为孝公不是食言的人。关键是怎么能尽快见到孝公，而且甘龙那帮人之前把我认同得有些崇拜，可我一旦亮出法家身份，他们就会立马由粉转黑，全力狙击，我能说上几句话都不知道。

梦：那怎么办？

鞅：我对景监说，带两句话给秦公。第一句是"应试非吾意，愿见秦公明"。第二句是"君画饼，吾蒸馍，新鲜自知"。

梦：第一句我明白，第二句是什么意思？

鞅：你不懂很正常，孝公懂就可以了。

梦：这样孝公就见你了？

鞅：第二天孝公就召见我了。第三场考试，主考换成孝公，甘龙他们一帮大臣旁听。上来我直奔主题说："帝道虚无缥缈，王道聊以自慰，只有霸道才是强国正道。"甘龙问："何为霸道？"我答："你见，或者不见，我就在这里，不悲不喜；你念，或者不念，我就在这里，来去不由你；你爱，或者不爱，我爱在这里，就在这里。

霸道就是由我不由你！"

梦：你这个说得很浮夸，好像"霸道总裁"一样。

鞅：不浮夸。霸道就是要讲实力，讲怎么提高国力。霸道就是要讲实际，秦国是诸侯国，当时周天子还在，如果让孝公学三皇五帝、周文王或周武王，这在礼仪道义上是要受谴责的。霸道就是要讲实效，嘴上讲得再好听，那也是广告。为了体现这个实效，我还当了一回厨师。

梦：就是之前说的蒸馍？

鞅：对。我说甘龙他们是广告，他们反过来说我是广告。我就玩点实在的。我对孝公说："治大国若烹小鲜，之前听到秦公关于画饼的说法十分感慨，请看我今天在这现场做馍。"

梦：现场做？

鞅：现场做。不过面团是提前发好的，寒肉也是准备好的。我将发好的面团分成四个大小均等的小面团，然后将小面团揉圆、按扁、擀成长条、卷起、立起、再按扁、擀成碗状面坯，等锅烧热后，不放油，碗口朝下放面坯，烙至焦黄色以后，翻面再烙，直至两面都成金黄色取出，用刀将馍从中间横向切至一半，将寒肉、和事草叶切碎夹入馍中，完成。

梦：你这是在做肉夹馍吧，寒肉、和事草是什么鬼？

鞅：寒肉就是腊汁肉，和事草就是葱。

梦：肉夹馍不会是你发明的吧？

鞅：这不重要，重要是孝公的态度。

梦：孝公是什么态度？

鞅：孝公饶有兴致。馍做好后，我问孝公："金色的饼皮映衬白面瓤，红色的肉汁夹在里面，绿色的和事草叶点缀其间，好不好看？"孝公答："好看。"我又问孝公："面的热气携带着肉的味道，香不香？"孝公答："真香。"我再问孝公："秦公要不要尝一个？"孝公答："好的。"

梦：孝公吃完一定是赞不绝口。

鞅：孝公没吃。

梦：没吃？为什么？

鞅：我正准备送给孝公的时候，甘龙冲了出来，喊了一句："秦公不能吃！"他接着说："肉夹于馍，闻所未闻。圣人言，'割不正，不食'，现在卫鞅居然拿碎肉给秦公吃，这是犯了大罪！"听了甘龙的话，孝公也不好接过去吃，只是望着我。

梦：那是在等你反驳甘龙哪。

鞅：我当然知道。我对孝公说："秦国积弱，中原各国称秦国为蛮夷，耻与会盟。献公早年游学魏国，回秦国后推行改革，后来以弱胜强，大败魏国，足显改革之利。然而改革却很难继续推行下去，即使打了胜仗，国力还在下降。反对改革的阻力在哪？这种讲礼不讲理的就是。周天子推行帝道王道，现在为了糊口到处求人，哪家诸侯强大了就去哪家蹭个热度。魏国现在是天下财富和文明的中心，靠的是帝道王道吗？我做的这个馍，色香味俱佳，为什么不能吃？就是因为所谓圣人的一句话？现在满朝几乎都是圣人的门生，为什么秦国还是那么弱，还是那么被人看不起？秦公，你看，杜挚在咽口水。"

梦：大庭广众之下，杜挚真的会咽口水？

鞅：这是人的正常生理反应。当然，即使大家都看到了，杜挚也是不承认的。我请孝公让人牵一条中华田园犬上殿。孝公说信得过我，不用验食。在我的坚持下，孝公让卫士牵了一条中华田园犬来。我让卫士把拴犬的绳子放掉,卫士看了一眼孝公,孝公点点头,卫士就按我说的办了。我对孝公说:"秦公请看,馍放在饭几上,这犬也在流口水,但它不来吃馍,为什么?并非它和杜大夫一样,识诗书懂礼仪,而是它知道吃这饭几上的馍会被惩罚。现在我把馍扔到地上。看!这条中华田园犬,以迅雷不及咽口水之势,扑上来两口就吃完了,跑的还是两点间最短的距离。这就是霸道的体现。"

梦:这算是什么体现?

鞅:利用万物趋利避害的习性,立法度、明奖惩、赏罚必至。我问孝公:"有没有感到有心无力,感觉国民不论怎么劝导,很多人还是不干自己应该干的事,就像一群老鼠到处乱窜,当国君很辛苦?"孝公点头,我接着说:"国之所以治者三,一曰法,二曰信,三曰权……"此时就听甘龙高喊一句"老臣惶恐",又趴在地上了。

梦:受不了你,要发招了。

鞅:岂止是受不了,是欲除之而后快。甘龙对孝公说:"卫鞅心逆而险,言伪而辩!他赞赏霸道,摒弃帝道王道,一开始不表明自己的态度,不坚持自己的观点,披着我们儒家的大衣博取我们的好感,这说明卫鞅是大伪之人。现在将呈给秦公的食物拿来喂犬,把国家重臣和犬放在一起类比,把社稷之民比作老鼠,这说明卫鞅是大奸之人。我请求秦公为天下正纲纪,烹杀卫鞅这个大伪大奸之徒,以彰明天理人伦。"然后他的一群门徒跟着趴在地上喊:"烹杀卫鞅这个大伪大奸之徒,以彰明天理人伦。"

梦:孝公是怎么处置的?

鞅:孝公把皮球踢给我,问:"先生怎么解释?"我回答:"虚有其名又有什么意义和益处呢?就像这馍,肉夹于馍就说闻所未闻，那我说它叫肉夹馍，它不还是那个能让某人某犬流口水的馍吗？他们的孔圣人一生呕心沥血想恢复周礼，可周游列国就是没有去拜见过周天子，遇到两个小孩问他太阳早上离人近还是中午离人近，就不知道如何回答。如果秦公听从甘龙的言语而杀我，我无话可说。不过，杀我之前，请秦公允许我做一件事，否则我虽死难安。"

梦：什么事？

鞅：我对孝公说："请秦公允许我把这条中华田园犬牵走。这犬趴在这里，这么多儒士也趴在这里，我怕以后有人会混淆不清，称之为犬儒，那就大大有违天理人伦了。"甘龙那帮人听我这么说，立马从地上弹了起来，叫道："杀卫鞅以谢天下之士。"我回敬他们说："犬先卧，人后趴，说明你们无知。未经秦公之命就私自起来，说明你们无礼。我请求秦公杀了这些无知无礼之人，以谢秦国臣民。"

梦：你的杀机怎么也这么重？

鞅：我可没有动杀机，这是为了等价交换，好让孝公有台阶下。

梦：等价交换？

鞅：他们喊杀，我如果不喊杀，孝公就没法和稀泥。

梦：那孝公后来怎么和的稀泥？

鞅：孝公说，大家都是为了秦国好，理念不同有争论是好事，孔圣人说"君子和而不同"，不要动不动就杀杀杀，勇于私斗而怯于公战是秦国的弊病，希望我们双方能够握手言和，一起为秦国更美好的明天而奋斗。

梦：孝公会这么说？

鞅：时间久远，细节记不住了，大概是这个意思。

梦：我还以为孝公会给你们摆桌和头酒呢？

鞅：你警匪片看多了，大佬和大佬之间才能喝和头酒，我现在面试还没完呢，属于没入社团的小弟，凭什么与甘龙喝和头酒？

梦：那孝公对你面试满意吗？

鞅：第三场考试结束后，孝公对景监说："你推荐的这个先生太厉害了，我还想跟他再聊聊。"

梦：于是第二天，孝公又召见你了。

鞅：哪里还等得到第二天，当天下午景监就来找我了。景监见到我就问："先生知道我这次来找先生的用意吗？"我对景监说："上午我在秦公面前阐述了霸道治国的理念，秦公的意思是采纳我的想法。现在让你来请我再见面详谈，我当然知道你的来意。"景监笑道："先生真是神人，一猜就中，如果你能猜中这次见面的准确时间，我就更佩服了。"我笑道："当然是越快越好了，现在就出发吗？"景监笑道："先生这次就没猜准，秦公为了见先生，还要准备一下。今天晚饭前，月亮到达树梢的时候，我来接先生去宫中。"

# 商鞅和秦孝公私下里都谈了什么？

梦：月上柳梢头，人约黄昏后，良辰美景，两个大男人，哈哈哈哈。

鞅：皓月千里，浮光跃金，静影沉璧，秉烛夜谈，此乐何极！

梦：您和孝公谈什么呢？

鞅：除了恋爱，什么都谈。

梦：能不能具体点。

鞅：我和孝公在宫中的凉亭里边吃边聊，孝公突然叹了一口气，望着月亮说："明明如月，何时可掇，忧从中来，不可断绝。"

梦：您少骗我，这是曹操《短歌行》里的句子，难道孝公是先知或是穿越了？

鞅：我是用你熟知的语言来表达，你又不是考古学者，我也很无奈啊。现在我用你们现代的普通话和你交谈，如果我用秦国的官方语言和你说话，你一句也听不懂。

梦：您说一句听听。

鞅：如果你实在想听，你可以去听纯正的客家话或者日本秦姓家族的土话，他们的语言以及性格，与老秦人最接近。

梦：听说客家人团结、坚韧、好客、责任感强，有机会我会去学习的。听孝公的感慨，他很忧愁。孝公究竟忧愁什么呢？

鞅：《求贤令》里已经体现了，就是忧愁秦国不够富强，"诸侯卑秦，丑莫大焉"。

梦：秦国还不强？大家都说你们是强秦、暴秦。有人形容战国的女人：楚女细腰，魏女歌甜，赵女多姿，齐女温雅，秦女虎狼。

鞅：秦女虎狼？应该用"飒爽英姿五尺枪"来形容才更合适吧。秦国被列国称为强国，是我变法之后的事情。世人都知道刘备和诸葛亮为了振兴汉室的隆中对，却不知道孝公和我为了秦国富强的月下对。

梦：我知道。《史记》记载，孝公与您这次交谈，不知不觉就凑到您的身边，你们一连交谈数日都没有疲倦。只是我很好奇，您都说了什么，能让孝公"不自知跮之前于席"？

鞅：我问孝公："秦公想要什么？"孝公答："穆公霸业。"我说，"以秦公的胸襟，图谋霸业还是格局小了，应当追求帝王大业。"孝公问："成就帝王大业需要多久？"我说："如果运用帝王之道，至少需要三代人、近百年的时间。"孝公说："时间太长了，我等不到那个时候。我听说贤明的君主，都是生前就显名于天下，哪能闷闷地等近百年去追求帝王大业？"

梦：原来孝公是个贪图虚名的人。

鞅：如果孝公是个贪图虚名的人，那么为什么秦国变法名叫商鞅变法？二十年秦国的改革变法，孝公始终默默无闻？

梦：也对啊。

鞅：我问孝公："唐尧和夏桀哪个名声大？"

梦：当然是尧大啊。

鞅：不，"天道有常，不为尧存，不为桀亡"，他俩就像硬币的正反面而已。

梦：孝公怎么说？

鞅：孝公说："名声一样大，只是尧让人敬仰，桀的名声很臭。"我说："桀文才出众，武艺超群，赤手空拳可以格杀虎豹，能把铁钩像拉面条一样随意弯曲拉直，如此文韬武略的男人为什么名声臭？因为一己之私。尧本身没听有什么过人之处，为什么让人敬仰？因为他怀着天下为公的心。尧安排能员干将，为百姓颁授农耕时令，测定出了春分、夏至、秋分、冬至；设置谏言之鼓，让天下百姓尽其言；立诽谤之木，让天下百姓攻击他的过错。桀，生前凭着自己的本事让天下皆知，可他不是贤明的君主，至今遭人唾骂。尧，生前没有什么本事，可是他的做法让百姓有幸福获得感，至今被人推崇。所以，一个君主是否贤明的标准，并不是生前显名，而在于他的所作所为是否为了百姓。"

梦：我觉得你这不是在讲霸道，是在宣扬帝道啊。

鞅：道可道，非常道，名可名，非常名。帝道、王道、霸道，都只是方法，不是目的，方法背后的道理是相通的。诸子百家的初衷都是为了更好地构建社会，谋求百姓的幸福，只是途径不同。我用霸道治国的理念，其实就是借用天道治理万物的道理，比帝道、王道层次更高。

梦：霸道和天道有什么关系？

鞅：霸道和天道一样，都不夹杂主观感情，霸道依靠法律，天道靠自然规律。天道酬勤，霸道也是酬勤。

梦：您这么说，孝公能听得懂吗？

鞅：孝公是千年难遇的优秀君主，怎么可能会不懂。接着我和孝公聊起了音乐。我问孝公："独乐乐，与人乐乐，孰乐？"孝公答:"不若独乐。"我又问:"与少乐乐,与众乐乐,孰乐?"孝公答:"不若与少。"

梦:孝公不按套路出牌啊,他不知道分享快乐就能多一份快乐吗?

鞅:正所谓:"有高人之行者,固见负于世;有独知之虑者,必见骜于民。"世人都说众乐乐好,这真是书本上的单相思,或是谋求好名声的说辞。广场上大妈们跳得正嗨,音乐震天响,大妈们快乐不快乐?周围高楼里的街坊快乐不快乐?别人家正因为失去亲人而悲痛,你早上吃了颗茶叶蛋,就得意地唱起欢快的歌,非要跑去和人家分享快乐,那么结局快不快乐?

梦:您这是曲解意思,在抬杠。"与众乐乐",是指要"与民同乐",是君王或者官员的施政态度,"同乐"的对象是一个整体,而不是针对具体个体。

鞅:这就是问题所在,说起来好听,做起来又很难执行。"与民同乐"本身态度上就是居高临下的。就像那句"当官不为民做主,不如回家卖红薯",人民自己当家做主,为什么要让官来做主?卖红薯怎么了?卖红薯就比当官的差了吗?官就是人民的服务员,和商场饭店的服务员没什么本质区别。

梦:等等,您别角色错位了,您是酷吏始祖,不是无产阶级先锋。

鞅:我两样都不是,我只是法家的呐喊者和实践者。我用喜欢的一句话来表明我的定位,那就是你们《新华字典》(第11版)第685页上的一句话,"张华考上了北京大学;李明进了中等技术学校;我在百货公司做售货员:我们都有光明的前途。"

梦:我记得,孝公在你和甘龙为变法打嘴架的时候说:"今吾欲变法以治，更礼以教百姓，恐天下之议我也。"按理说，作为君主，他不应该表达"不若独乐乐"和"少乐乐"这种观点，他不怕天下人非议他吗？

鞅：当时就我们两个人，有什么不能说？孝公说："众乐，乐就是礼，不管你喜不喜欢都要装作喜欢。我作为国君，什么时候奏什么音乐，什么音乐做什么动作、讲什么话都是有规定、有讲究的，不能随心所欲，底下听众也是如此，这有什么好快乐的？独处在花间鸣叫的黄莺，水里面叫的青蛙，就像唱歌一样，它们应该很快乐。如果把它们捉到我们面前，这鸣声和叫声，就像抗议声一样，这又有什么快乐的？子期死而伯牙摔琴，高山流水送知音，世上不是无众人，只是子期难再寻。"

梦：您觉得孝公是您的知音吗？

鞅：之前说过了，是知己。公如青山，我如松柏，终其一生，携手强秦。我对孝公说："闻弦歌而知雅意，秦公务实不图虚名，强秦有望。"接着我讲了"季札观乐"的故事。《春秋左传》记载，吴国公子季札前去鲁国访问，请求观赏周朝流传下来的音乐和舞蹈，鲁国人答应了。当听到乐工为他歌唱的《秦风》，季札评价说："此之谓夏声。夫能夏则大，大之至也，其周之旧乎！"我问孝公："秦公作为秦国国君，不知道对《秦风》怎么评价呢？"孝公面带愧色说："寡人非能好先王之乐也，直好世俗之乐耳。"我说："当年季札评价《秦风》为夏声，是周室故地的乐歌。这象征周朝的王道，秦公非能好先王之乐，说明秦公你不喜欢王道。季札观看《大夏》后，赞叹《大夏》很美好，表现出了夏禹辛勤为百姓工作而不彰显自己的贤德。这象征夏朝的帝道，秦公喜好接地气的世俗之乐，说明秦公现在的心意已经达到了夏禹的境界。"孝公听后连连摆手，说："可不敢这么说，先生折杀嬴渠梁了。"我笑着说："达到夏禹的境界，秦公就觉得高攀了，那追求更高的天道，不知道秦公还有没有豪情胆气？"孝公赶紧问："什么是天道？"我接着说："季札观看《韶箫》后惊叹地说：'德行达到了巅峰！伟大啊，就像上天无所不覆盖一样，像大地无所不包容一样！'这象征叹为观止的天道。天道成而万物生，天道酬勤。人们感受不到天，但人们都会向天祈祷。上天不追求什么好听的名声，无论人们是赞美还是诅咒，上天既不在意也不改变。上天不会干涉尘世间任何事物，上天制定了自然规律，万物的成长都取决于自己的本质、境遇和努力。这就是天道。秦公以为怎么样？"孝公沉思良久说："天道，天道，太虚无缥缈，纵是我有这心，也用不上力道啊。"我答道："天道就是霸道，上天以天道治理万物，君主当以霸道治理国家，天道依靠规律，霸道依靠法律，依法治国就是替天行道。万事皆依法而行，法外无情、法外无恩，包括国君在内的每个人都要遵守法律，每个人的获得都取决于每个人遵法而行的付出。"孝公问："法律由谁来制定呢？"我回道："如同政权和军权，法律的制定权要由国君一人掌握。"

梦：法律的制定权由国君一人掌握，这还是人治，不是法治。

鞅：所以我说自己能遇到孝公，是幸运的。这算是历史局限性。不过，法律不会自己产生，肯定要由人来制定，而且还要靠人来执行，靠人来监督。如果说依照由人制定的法律来治理国家不是法治，那么我想象不出什么才是法治。

梦：我没有说，法律不应该由人制定，而是说法律不能由国君一个人说了算。

鞅：法律的制定权由国君掌握，并不是说法律由国君一人掌握。

秦国法律制定的程序是这样的：先由各地的法官收集官吏、百姓、奴隶等各类人员遇到的问题，然后汇总报给廷尉府，廷尉府的所有法吏对如何解决问题的法律条文进行规范，尔后上报给丞相，丞相将问题清单、廷尉府拟定的法律条文以及自己修改的意见一起报给国君，国君同意后，行使法律制定权批准执行。也就是说，法律的制定由君臣共同操作，法律的信用由君臣共同维护，法律的批准权由国君一人掌握。

梦：您和孝公聊完音乐之后聊什么了？

鞅：聊梦想。

梦：聊梦想？你们不是很务实吗？怎么净扯些虚的？

鞅：人没有梦想，和咸鱼有什么区别？理论指导实践，干什么事你都要知道自己想要什么。聊完音乐，恰好有一颗流星划过。我问孝公："相传流星划过，闭眼许愿，梦想就会实现，不知秦公梦想是什么呢？"孝公说："我听说，天上划过一颗流星，就是代表地上有一个亲友逝去。"我说："梦想代表乐观，逝去代表悲观。我们改变不了流星划过的事实，但我们可以改变自己的心态。我们应当有梦想。"孝公想了一会儿回答："我的梦想就是实现一个富强的秦国，一个再也不被列国瞧不起的秦国。"我说："强秦梦，秦公的梦，也是赳赳老秦共同的梦。"

梦："赳赳老秦，共赴国难"，这是你们最喜欢说的话。

鞅：不，我们最喜欢的是，"赳赳老秦，共享国强"。

梦：那您的梦想是什么呢？

鞅：我的梦想是"人人生而平等"。

梦：哈哈哈哈，太假了，怎么可能人人生而平等。有人生在帝王家为贵族，有人生在贫民家为贫民。李斯年轻的时候，曾在郡里当小吏，看到办公处附近厕所里的老鼠在吃脏东西，每逢有人或狗走来时，就受惊逃跑。后来李斯又走进粮仓，看到粮仓中的老鼠，吃的是囤积的粟米，住在大屋子之下，更不用担心人或狗惊扰。连老鼠都是这样不平等，更不要说人了。

鞅：李斯年轻为小吏时，绝对不是在看管秦国的粮仓。因为按秦法规定，粮仓老鼠洞超过三个，主管仓库的官吏就要受罚，所以秦国绝对不会有在粮仓大摇大摆吃粟米的老鼠。在秦国，粮仓里的老鼠生存状况会比厕所里的老鼠惨多了。如同世上没有相同的两片树叶，人的肤色、体型、性格、寿命、遭遇各不相同，不能因为天生不同就感慨不平等。"人人生而平等"并不是绝对的一致，而是法律面前人人平等，每个人都能平等地通过勤劳的汗水，去收获更好的生活。我有一个梦想，"人人生而平等"，人人都有光明的前程，不管他的出身如何，只要他努力就可以实现自己的梦，哪怕他是贫民也可以获爵，哪怕他是王族无功于国也无法显荣。我有一个梦想，"人人生而平等"，王子犯法与庶民同罪，不会因为他是贫民就加重，不会因为他是富贵之人就减轻。我有一个梦想，劳动最光荣，护国最荣光，名利皆从农战出，农耕为国之根本，农民不再被轻贱，兵者为国之重器，战士不再流血又流泪。我有一个梦想，秦国百姓朴实，一改父子无别、男女同室而居的戎翟之教，明羞耻知荣辱，音乐不淫荡卑污，服装不轻佻妖艳，路不拾遗，夜不闭户，勇于公战，怯于私斗，遇到不法之事就像看到过街的老鼠人人喊打，遇到求助之人主动伸手相救。我有一个梦想，秦国的官吏人人都是严肃认真地工作，谦恭节俭、敦厚谨慎、忠诚守信而不粗疏草率。我有一个梦想，秦国的士大夫，人人走出自己的家门，就走进公家的衙门，走出公家的衙门，就回到自己的家里，没有私下的事务，不互相勾结，不拉党结派，明智通达而廉洁奉公。我有一个梦想，秦国的朝廷，退朝前，所有事情都已处理完毕，安闲的好像没有事情办理一样，政令简约而周详，政事不烦乱而有功绩。我有一个梦想，秦国全面实行法治，秦国民以殷富，国以富强，兵革强大，百姓乐用，诸侯亲附。

梦：说的比唱的还好听，你可以愚昧你那个年代的人，但愚昧不了现代的我们。我们现在的法律体系，是欧美的大陆法体系，而不是传承你们法家的理念。你们法家的法，是惩罚、酷刑的意思，是用肉体的惩罚来管理人民的意思，体现不了欧美大陆法中正义与公平的含义。你代表的是新兴的地主阶级，并非代表秦国人民，你的法治是建立在君权下的法治，根本不是我们真正的民主法治。欧美大陆法有个象征，一个天平，寓意着正义与公平。摩西很早就提出诸如"以眼还眼，以牙还牙"这种公平正义的思想。比如，公元前431年，出生比你还早的希腊的伯里克利为纪念雅典的阵亡将士时说，"解决私人争执的时候，每个人在法律上都是平等的"。人家的法治观念比你们法家早多了，也实在多了。

鞅：首先，我认为摩西他们的确是值得敬仰的，但你不能因为敬仰他就认为自己的祖先不值得敬仰。他们3000多年前可以有法，我们2000多年前就不能有法吗？其次，关于公平、正义以及平等的论述，先秦百家诸子的著作中多不胜数。孔子就说过"以直报怨、以德报德"的话，比你那个"a life for a life, an eye for an eye, a tooth for a tooth, a hand for a hand and a foot for a foot"简要多了。说法家的法是刑法，那你所说的欧美大陆法的公平正义是通过什么实现的？最后，我想请教一件事情，如果A的兄弟B被C打了，A一看左右没人，就把C给杀了。请问按照你公平、正义和平等的欧美大陆法，A 该怎么处置？

梦：应属于蓄意杀人，具体的处置，要根据情节，按照法律判决。

鞅：摩西长大后，去到他弟兄那里，见一个埃及人打希伯来人的一个弟兄，他左右观看，见没有人，就把这个埃及人打死了，藏在沙土里。

梦：后来埃及法老不是要杀他吗？

鞅：那他为什么要逃？不是"以眼还眼、以牙还牙"吗？为什么他不敢面对法律的制裁？

梦：他又不傻，别人来杀他，他当然要跑。他杀那个埃及人叫作"诛奸"，他跑叫作"聪慧"。相比他的聪慧，你可差远了。试问，改革基本成功，你为何不在秦孝公死之前逃离秦国或隐居山林？难道你想不到孝公一死，必然有人反攻倒算？你没有这么做，因为权位蒙蔽了你的眼睛和头脑，结果作法自毙。你死之后，秦国人民都不可怜你，还有很多人鼓掌叫好！

鞅：你这么说让我想起两则报道。一是美国学生和中国学生坐在一起，美国学生活跃，中国学生端坐，就说美国人勇于展现自我、善于创新，中国人暮气沉沉；中国学生和日本学生坐在一起，中国学生活跃，日本学生端坐，就说中国人没有规矩，日本人善于自觉。二是同样是在机场，同样是小学生，同样是行李摆得整齐，同样是静静看书，日本人就是素质高、教育好，中国人就是在作秀、真恶心。关于秦国法治水平，我建议你不要人云亦云，去多看看《云梦秦简》。

梦：刚才我又完整看了一下《云梦秦简》，没想到秦国法律已经包含刑法、民法、行政法、经济法、诉讼法等方面的内容，有

《田律》《仓律》《工律》《金布律》《传食律》《置吏律》等众多律法，涵盖了农田水利、牛马饲养、粮食储藏、徭役征发、工商管理、官吏任免等方方面面。此外，还有公职人员考核办法，有规范的公务工作程序、原则和公文程式，有法律问答，有判例法案例，就连囚徒的衣食数量和发放都用明确的条文来规范，比《汉谟拉比法典》《十二铜表法》要完善得多、人性化得多。

鞅：我对秦国的法治有足够的自信。这份自信来自对法的信仰坚持，这份自信不法古、不修今，这份自信不割裂历史，这份自信不故步自封，这份自信不需要屏蔽隔离其他学说，更不需要通过打砸焚烧什么来宣示。

梦：既然那么自信，那您还焚烧诗书？

鞅：我再重复一遍。一、那个《诗》《书》是赝品。二、焚烧诗书是为了防止官员空谈误国，防止官僚体系僵化和既得利益世袭异化。三、焚烧诗书是我第二次变法的需要，以便给更多人机会走上仕途。四、我只是焚烧了各级官府中的诗书，民间及馆藏诗书并没有焚烧。

梦：斩草不除根，光烧官府中的诗书有什么用呢？

鞅：斩断利益链，改变孕育环境，草根不拔自消。烧了官府的诗书，表明当官不用考诗书内容，做官要潜心研究本职。当书中没有黄金屋，书中没有颜如玉，读诗书就不再是功利的敲门砖和垫脚石，以诗书谋取私利的人自然就没有了市场。就像你们现在学英语，如果各种考试都不考，入职、调级、写文章都不需要用英语来点缀，你觉得还有多少人会学英语？

梦：我相信还会有很多人学，我学英语就不是为了功名，而是因为兴趣。

鞅：你说得对。烈火现真金，当烧去诗书带来的浮夸和名利，剩下的才是真正的儒家和钻研学问的人。所以，我只是焚烧了各级官府中的诗书，民间及馆藏诗书并没有焚烧。因为，诗书对于个人修身养性还是很有益处的。

梦：不对啊，《商君书》中说："六虱：曰礼、乐；曰《诗》《书》；曰修善，曰孝弟；曰诚信，曰贞廉；曰仁、义；曰非兵，曰羞战。"《商君书》中还说："民愚，则知可以胜之"。您实行的是愚民政策，怎么会容忍民众读诗书呢？

鞅：我没有实行愚民政策。对于诗书，包括礼、乐、孝、悌、善、修，我明确反对用它们来治理国家，但不反对民间研习。因为对于个人，诗书用于修身养性的作用是非常好的。比如吃饭，你可以闭着眼，心中念念有词，把清汤面当鳝丝面吃，把小咸菜当熘肥肠吃，从而增强获得感和愉悦感。但是，用于解决客观问题，比如说种地，就毫无用处。庄稼不会因为你通诗书、明礼乐、尊老爱幼就长得好。如果有一天，你看到你二大爷家的庄稼长得慢，仁心大发，想帮它成长，就往上拔了拔，结果庄稼会全死掉。如果有一天，你乐情大发，对着你二大爷家的黄牛弹起美妙的琴声，不论是"大弦嘈嘈如急雨，小弦切切如私语"，还是"嘈嘈切切错杂弹，大珠小珠落玉盘"，牛就是低头吃草不理你。

梦：您这是损我呢，当我不知道揠苗助长和对牛弹琴？

鞅：我只是打个比方。《商君书》是一本治理国家的书，而不是一本心灵鸡汤。治理国家有很多现实客观的问题需要解决，比种一块地、养一头牛复杂多了，空谈诗、书、礼、乐、孝、悌、善、修是没有用的。谈论诗、书、礼、乐、孝、悌、善、修，道理正确，名声好听，还不用像种地养牛那么劳累，因此会"说者成伍，烦言饰辞，而无实用"。如果君王虚言好名，用诗、书、礼、乐、孝、悌、善、修来治国，根据言谈给所谓博学儒士高官重爵，那么就会"说者得意，道路曲辩，辈辈成群"。百姓看到这些博学儒士靠言谈能获取这么多好处，便都学习他们高谈阔论、夸夸其谈。那么，从事农耕的百姓便会懈怠，田地就会因此荒芜。那么，大人会对小孩讲，"你现在不好好学习诗书，将来就只能到乡下种地"，或者说，"你现在不好好学习诗书，将来就只能去当兵吃苦"。种地的人被瞧不起，当兵的人被瞧不起，那么"敌至，必削国；不至，必贫国"。

梦：您说您没有实行愚民政策，可是《商君书·垦令》中"愚农不知、不好学问则疾务农"和《商君书·定分篇》中"民愚则易治也"的表述，不就直截了当地道出了您积极推行愚民之治的真谛所在吗？

鞅：为什么你这么喜欢断章取义？《垦令》中完整的一段是："国之大臣诸大夫，博闻、辨慧、游居之事，皆无得为，无得居游于百县，则农民无所闻变见方。农民无所闻变见方，则知农无从离其故事，而愚农不知，不好学问。愚农不知，不好学问，则务疾农。知农不离其故事，则草必垦矣。"意思是说，国家的官职依靠那些所谓博学多闻、能言巧辩、周游外乡之类要嘴皮子的行为是得不到的。靠这些行为得不到官职，这些行为就没有能力和吸引力在民间招摇。没法招摇，那么务农的人们就不会道听途说，把要嘴皮子的人当成自己的榜样。务农的人们不道听途说，把要嘴皮子的人当成自己的榜样。那么聪明的农民知道学那些要嘴皮子的没有用，不会想法子脱离他们原来从事的农业。而那些不聪明的农民虽然不会辨别思考，但也不容易去跟着学追着问。这样，聪明和不聪明的农民都会积极务农，那么荒地就一定能开垦了。如果依据"愚农不知、不好学问则疾务农"就说我实施愚民政策，那你怎么不依据"知农不离其故事，则草必垦矣"，说我实施了知民政策呢？

梦：那这句"民愚则易治也"，就是傻子也知道什么意思了，看您怎么狡辩。

鞅：首先我们来看《定分篇》是谈什么的。

梦：我知道，开头秦孝公问您，如果今天制定的法令，明天清晨就想让全国的官吏和百姓都明确了解并一致奉行，而没有奸私，应该怎么办？之后您就说了方法措施。

鞅：你说得对，来看《定分篇》中那一整段："如此，天下之吏民虽有贤良辩慧，不能开一言以枉法；虽有千金，不能以用一铢。故知诈贤能者皆作而为善，皆务自治奉公。民愚则易治也，此所生于法明白易知而必行。"意思你都能看懂，我不啰唆，你自己说，这句"民愚则易治也"，傻子也知道的意思是什么？

梦：额……从字面意思上翻译就是……使人民愚笨就容易治理。

鞅：这就是你为什么把"好好学习，天天向上"翻译成"good good study，day day up"的原因？那"America"为什么不翻译成二卖瑞克。你把你"民愚则易治也"翻译的意思放到原文里，看看是不是傻。

梦：是有点傻，可我听说，有的专家也是这么认为的，那专家也傻？

鞅：人家是揣着明白装糊涂，谁傻谁知道。

梦：哦，合计就我一个傻啊。没事，傻人有傻福。那"民愚则力有余而知不足"和"民不贵学问，则民愚"也不是为了治理国家就要使人民愚笨的意思吧?

　　鞅:对,还有"弱民""贫民""奸民""善民"这些词都有专门的文章解释,你可以好好去琢磨,我就不啰唆了。要不然,装傻的人会不耐烦地说,胡说八道些什么;不傻的人会说,这么简单还解释什么。总之,不要望文生义,要放到语境里理解。

　　梦:那为什么李斯后来要秦始皇"非博士官所职,天下敢有藏诗、书、百家语者,悉诣守、尉杂烧之"?

　　鞅:他是有样学样,可惜是东施效颦。他把集权作为目的,我把集权作为手段。他想成为楚国粮仓中的老鼠,不甘贫贱;我是为了梦想,极身无二虑,尽公不顾私。

# 秦孝公真的要把君主之位
# 传给商鞅吗?

梦:如果当初秦孝公《求贤令》中没有"与之分土"的承诺,您还会不会去秦国?

鞅:你太小看我了,孝公这么说当然是体现了他强国的决心和招揽贤士的诚意,但我是为了实现我的梦想才去的秦国。之后受封为商君,是为了维护孝公的信誉和赏优罚劣的作用。如果我为了"分土"而去秦国,那么后来,孝公想禅位于我,想把整个秦国都给我,我就不会推辞。

梦:有这种事?

鞅:《战国策》记载:"孝公行之八年,疾且不起,欲传商君,辞不受。"

梦:王位不传给自己的儿子,而传给自己的大臣,这不可能,不符合历史逻辑。

鞅:历史上燕国国君姬哙就把王位禅让给大臣姬之,怎么说不可能呢?

梦:燕国这次禅让的结局并不好啊。我觉得孝公要传位给您,其实就是和刘备白帝城托孤一样，提醒试探和激励您，说不定旁边埋伏有刀斧手之类的，就等您一有异心，您懂的。

鞅：我不懂，我只懂得与孝公携手变法。终孝公一生，没有对我有过任何猜忌，任凭我占有了一些本该属于他的权力；任凭名誉上，大家都只知道商君而不知有秦公。要知道，孝公一开始的愿望是想当一个显名于天下的国君，而变法的整个过程，他都是在幕后默默地支持。孝公与我相互的信任，源自伟大的梦想，源自对法家的信仰，源自共同为秦国富强所做的努力。孝公传位于我，是希望他去世后，我可以继续推行变法，让变法的根基再稳一点儿，再扎实一点儿，让我们的梦想更近一点儿。

梦：说得这么理所当然和诗情画意，那您为什么不答应呢？

鞅：如果我感到嬴驷会坏法，觉得嬴驷难堪大用，我当然会取而代之。事实证明，我的选择是对的，嬴驷继位后沿着我的路子继续推动变法，做得很好。

梦：孝公这么做，客观上也会增加太子嬴驷对您的怨恨和忌惮吧？

鞅：不会，因为孝公禅位于我，还是嬴驷提出来的。

梦：啊？

鞅：当时孝公重病不起，我就和他谈太子继位的准备事宜。这时候，嬴驷突然插话，跪拜在地，请孝公传位于我。说他自己年纪轻，难以担大任，主少国疑于国不利，将孝公与我比作尧舜，说应该为后世所追思。孝公当即说，世人都以为君王必然以自己家族的社稷为利益出发点，把这视为人的本性和君王本性。别人的想法无法苛求，但他嬴渠梁不是，自从与我那次月下谈话之后，他一直为改变国家命运、天下格局的理想和为万民谋福祉、为万世立依法治国做表率的梦想而努力奋斗。孝公认为赢驷说得对，说我继位于国于民有利，最后和赢驷一起对我说："请商君还是从了吧。"我说："秦公和太子的心意我明白，可即使我应承下来，我死之后还会将君位传给赢驷。这么折腾，还不如现在直接传位给驷儿，我在一旁扶上马、送一程。青出于蓝而胜于蓝，一代人有一代人的责任。我作为驷儿的老师，我了解驷儿的品行和能力，他一定能成为一个称职的君主，一定能够继续推动治国，把秦国治理得更好。"

梦：您是太子的老师？我记得太子傅应该是公孙贾和赢虔吧。

鞅：太子年少犯法后，原来的太子傅公孙贾和赢虔因太子犯法而被惩罚，不能继续教授太子。我意识到教育和传承的重要性，就由我来亲自教授赢驷了。赢驷跟着我耳濡目染学习治国之道，对我的言行一致十分敬佩。

梦：太子年少时犯过法，虽然您因他是储君没有惩罚他，但因此惩罚了他的老师，他应该记恨您才对。

鞅：一、赢驷年少犯法，没有受到惩罚，是因为他年少，而不是因为他是太子，之前和你说过，现在再强调一遍。二、赢驷犯法是受公孙贾唆使的。三、赢虔对赢驷犯法处置不公，要负责任。四、犯法是事实，赢驷即使记恨，你觉得是记恨执法者还是教唆者？

梦：那秦惠文王他年少时究竟犯了什么罪？

鞅：偷窃未遂。

梦：不会吧？

鞅：一天，公孙贾给赢驷讲课。赢驷课间活动时，看到有个叫洛英的小宫女在放风筝，也想放。赢驷找洛英要，洛英不给。

梦：东汉才有造纸术，秦国哪来的风筝？

鞅：东汉的造纸术，只是造纸技术的革新，能造出适合书写和保存的纸张。春秋战国，就有了不便于书写的草纸、藤纸、麻纸了。而且风筝必须是纸做的吗？绢绣也可以。回到课堂，公孙贾看到嬴驷怏怏不快的样子就问了一下缘由。嬴驷告诉公孙贾，他想放风筝，可是小宫女不给他放。公孙贾对嬴驷说，"太子作为储君，将来整个秦国都是太子的，何况小小风筝。喜欢就去拿，太子要有当国君的霸气。"嬴驷听完就去找洛英，结果没找到，经过一处房间的时候，从半掩的门缝儿里看到那个风筝，推门想进去拿的时候被洛英看到了。洛英入宫不久，不认识嬴驷，加上年纪也小，两个人就争吵起来。当时的秦宫不大，又是下班的高峰期，争吵引来很多人。首先到的是嬴虔。嬴虔问清了事情的经过，就斥责了洛英，说她不懂礼数。公孙贾到了之后说："犯上者当诛，念及洛英年少，且不知者不怪，这次就关起来面壁思过好了。"

梦：那个小宫女多大啊？

鞅：六七岁的样子。

梦：太子当时多大呢？

鞅：四岁多，虚岁六岁。

梦：那就是两个小孩子闹着玩儿，他们也太较真了。

鞅：较真？是应该较真。我和孝公赶到时，洛英一直在哭，嬴驷怔怔地望着她，嬴虔正在训斥一个宫女管事，公孙贾和其他人在一旁围观。看到孝公，嬴虔迎上去说："渠梁来啦，一个小宫女不懂礼数顶撞嬴驷，我已经教育处理过了。"这时，公孙贾走上前说："秦公大喜。"孝公不解地看着他。公孙贾接着说："太子外法而内儒，行事果敢霸气，符合左庶长霸道治国的策略，见犯错者悔恨哭泣，又有不忍恻隐之意，符合仁主圣人的道义，此为天助秦国。"孝公没回话，转过头看着我。

梦：您和孝公真是一对好基友，您怎么说？

鞅：我对孝公说："法之不行，自上犯之。"然后转向嬴虔和公孙贾说："敢问太傅，如果嬴驷不是太子，太傅怎么看待和处理这件事？如果太子和宫女所做之事反过来，太傅又怎么看待和处理这件事？"公孙贾答："尊卑有别。"我说："好一个尊卑有别。霸道者，不是强盗，更不是偷盗，而是重法爱民。如果因为太子尊而宫女卑，对的就可以变成错的，错的就可以变成对的，那不是霸道，而是亡国之道。如果不敢勇于承担错误，妄讲怜悯之心，这不是仁主圣人，而是虚伪小人。"孝公说："左庶长意下如何？"我说："凡事皆有法度，当宣殿中法官。"过了一会儿，殿中法官来了，问明事情的经过。殿中法官说："依律太子应当处以黥刑。"

梦：孝公怎么说？

鞅：孝公说："当初我与左庶长夜谈，左庶长就对我说：'法之不行，自上犯之。'新法一旦推行，举国都要唯法是从，即使是皇室宗亲，违法也要与庶民同罪。我对左庶长说：'听闻王子犯法与庶民同罪。在嬴渠梁这里，是国君犯法与庶民同罪。'左庶长先给我戴个高帽子，说什么高山仰止，尔后说：'国君犯法治罪有两难。依法治罪，法治的依靠就没有了。不治罪，法就失去了信用，就实现不了真正的法治。'难吗？我知道左庶长有对策，就看着他。果然，他接着说：'问题不难解决，就不知道秦公的毅力有多大？'"孝公突然转身问嬴驷："驷儿，如果秦国的富强需要拿你的命换，你愿意吗？"

梦：嬴驷怎么回答？

鞅：嬴驷还小，喏喏不知道怎么回答。孝公转身问公孙贾："太傅，你愿意吗？"公孙贾朗声道："赳赳老秦，共赴国难，为强秦而死，臣万死不辞！"孝公接着转问嬴虔："大哥，你呢？"嬴虔说："嬴氏子孙，哪个不想强秦。"孝公看着我说："强秦梦，是我毕生的追求。为了这个梦想，嬴渠梁九死而无悔，万难不足以扰我心！我记得左庶长对我说：'依法治秦，首要防的就是我，防止我无意中坏法，让我收起雄心壮志和名利之心，谨言慎行，不要管任何具体的人和事。'新法颁布以来，不断有人跟我说什么左庶长擅权篡权，现在秦国只知道有左庶长，不知有国君；说什么秦国不是嬴氏的秦国，而是姬氏的秦国等等。今天我借此机会正告各位以及所有人，不论是今天还是明天，嬴渠梁用自己这条命来挺左庶长。太子犯法之事，请左庶长依法而行，即使追究我监护之责，我也甘愿受罚。"

梦：您把孝公架空了？

鞅：公如青山，鞅如松柏。历史长河中，离得近，自然只关注松柏枝繁叶茂。离得远了，才能看到青山的郁郁葱葱。我和孝公是有共同梦想的，那就是强秦，用重法爱民的霸道，创造一个全面法治的国家。在我们生命如流星逝去的时候，能如流星一样给后人以希望。在变法过程中，孝公承受的压力、耗费的心力远比我多。名义上，所有变法措施都是左庶长令，实际上都是孝公和我一起研讨，由孝公决定的。变法过程中，孝公还要在各种势力之间和稀泥，当减压阀和挡风墙。可以说，没有孝公的幕后支持，就没有商鞅变法。孝公说完，我就以太子犯法，孝公需要回避为由让孝公回去了。

梦：接着，殿中法官就要给太子的脸上刻字了？

鞅：法官只有解释律法的权力，是审判和执法的依据，但法官本身没有审判权和执法权。太子犯法的处理由我来实施。

梦：您不会拿嬴驷偷风筝玩的事，借机打击公孙贾和嬴虔吧？这是多大点的事啊，就因为这个，公孙贾和嬴虔受到那么重的惩罚。那他们也太冤了。

鞅：我要是那种人，还容他们活到嬴驷继位？我问嬴驷："太子因偷窃他人风筝，依律当黥，太子有没有什么需要辩解的？"嬴驷摇摇头。公孙贾急忙说："太子，君嗣也，不可施刑。"我说："即使是国君，违法了也要施刑，更何况太子。"嬴虔说："两个小孩子闹着玩，左庶长你较什么真？"我说，"我不能拿律法闹着玩，必须较真。"洛英紧跟着说："太子推门进来也可能是找我玩的，我当时一急，误以为他想偷风筝，就和太子争吵起来，是我错了。"嬴驷接着说："我没有进屋，刚推了一下门，这个小宫女就出现了。"嬴虔大笑说："看看，连门都没进，还能算偷窃？"公孙贾说："整个秦国都是秦公的，太子不要说去拿一个风筝，就是要这个小丫头，那也是天经地义，是这个小宫女的福气。左庶长不要喧宾夺主，难道你想学子罕劫君吗？"我说："一切皆有法度。上个月我陪国君走访民间，突遇大雨。前面有一间破房子，我们想到房子里躲雨。走到跟前，才发现门锁上了。侍卫说：'到处漏风漏雨的破房子上什么锁？'就准备撬开。国君制止说：'新法规定，白天无故闯入别人的家，要受到杖责。晚上无故闯入别人的家，这家主人可以杀了擅闯者而无罪。既然这是有主人的房子，没有主人允许，再破我们也不能进。'风可进，雨可进，国君不能进，这就是依法，这就是霸道。而不是什么'君君臣臣，君让臣死，臣不得不死'的假仁道。"公孙贾说："我就不信你敢治太子的罪。"我说："事实胜于雄辩。"我接着问嬴驷："太子想去那个房间干什么呢？是去找洛英玩，还是去偷风筝，还是随便逛逛？"嬴虔刚想说什么，被我制止了，"我在问太子，其他人不要说话引导，我希望太子像个爷们一样，勇于说真话，勇于承担自己的责任。"嬴驷说："我是要去拿风筝的，我不说谎，错了就是错了，我要像阿爹一样，当秦国的好男儿，请左庶长惩罚。"公孙贾接着说："知错能改，善莫大焉，太子不惧刑罚，敢于担当，真乃秦国之幸！任何一个秦国人都会为太子的品德祈祷。左庶长，你感不感动？"我说："感动是一码事，但不会因为感动就不敢动。"我转身问殿中法官："太子偷窃未成行，应该怎么处置？"殿中法官回答："依律当判黥黥，但是太子未及六尺半，还未成年，不当论。"我问："秦公作为太子的父亲，应该怎么处置？"殿中法官回答："太子偷窃未成行，国君作为太子的父亲不知情，不当论。"我又问："太傅公孙贾教唆太子偷风筝，应该怎么处置？"殿中法官回答："教唆未成年人偷窃，依律当黥。"公孙贾大喊："卫鞅，你不敢刑及太子，拿我当替罪羊，公报私仇！"我对公孙贾说："一切依法而行，你如果感到不公，可以申诉。刚才国君问你，你说为了强秦，你可以万死不辞。现在按律处罚你，你又说不公，不公在哪里？你说我公报私仇，我和你有什么仇什么怨？枉你自称圣人子弟、太子老师，你还不如一个四五岁的小孩。"公孙贾说："人为刀俎，我为鱼肉，卫鞅你这个奸臣贼子，老子不会放过你，你等着瞧！"嬴虔赶过来和稀泥："左庶长，太傅鼓励太子这么做也是好意，没想到弄成这个样子。"

梦：就因为他替公孙贾说情，您就把他鼻子割下来，这太没道理了。

鞅：劓刑是因为他之后打仗消极，这次就啐了一下。嬴虔见我没说话，接着说："大家都是同朝为官，低头不见抬头见，都是为了强秦大计，何必弄得跟仇人一样？来来来，我是国君的大哥，渠梁也很尊重我，大家卖我一个面子。太傅，你先给左庶长赔个不是。"公孙贾说："左庶长，冤家宜解不宜结。我也算是秦国望族，既然宫室至亲这么有善意，我们也不要不识趣。刚才我是听那个什么法官说要定我的罪，一时急了，还以为是你的意思，冒犯了你，还请你大人大量。"我说："公子虔是善人，我是奸人，公孙贾你说得没错。"嬴虔紧接着说："谁说左庶长是奸人？左庶长是善人善行。太傅那是急了，你看在我的面子上，等会儿到我府上，我摆顿和头酒。俗话说，不打不相识，大家都是一家人，何必要伤了和气。"我说："合而复者，善也，如同公子虔；别而规者，奸也，就像我一样。请问公子虔，大家是喜欢你这样的人，还是喜欢我这样的人？"

梦：虽然您在我面前，我还是要说，大家更喜欢公子虔这样的善人。俗话说，做事先做人，人是情感动物，不讲情面那还算是人吗？

鞅：都讲情面，那要法干什么。

梦：法不外乎人情。

鞅：连你这个现代有法治意识的人都这么认为，可以想象当初我推行法治是多么的难。

梦：我觉得电视剧里太子嬴驷年少犯法被罚的情节还能让人理解，面对汹涌交农的老秦人，不惩罚太子老师就没有办法平息。照您说的，就因为两个小孩闹着玩儿，为一个风筝，还没有拿到，您就要在太子老师脸上刺字。这没必要啊，费力不讨好，睁一只眼闭一只眼就过去了，皆大欢喜多好。难怪太史公说您天资刻薄。

鞅：那我问一下，按照电视剧里的情节，如果这里没有阴谋。

白村的确将沙石混到上交太子府的谷中，太子发现后生气，一怒之下杀了村正，也没有砍坏粮仓，也没有纵兵砍人，白村理亏，也没有闹事，反而自觉将好的谷子重新送到太子府并派老村正请罪。那么，如果你是我，你怎么处置太子?

梦：如果真是这样，太子只杀了村正，而没有迁怒于其他人，惩治首恶，而白村人诚心服气，做得有理有节有效，那太子的处置方法值得赞扬。

鞅：太子并非官吏，杀人没有经过审判，属于私刑杀人，我会依法律规定对太子施刑。

梦：您就是太死板了。汉景帝刘启为太子时，吴王刘濞的世子刘贤陪刘启喝酒下棋，因为棋路相争，刘贤不知道礼让刘启，刘启就拿起棋盘把刘贤打死了，不也没什么事吗? 后世名人都赞扬刘启是大德之人、贤明君主，称他和汉文帝一起开创了"文景之治"。

鞅：刘启是用权术治国，他可以随着心意怒杀兄弟、骗杀恩师、逼杀长子和忠臣，我不知道有哪些人赞扬他? 但我不会认同。因为我是依法治国，我坚持一切唯法是从。在我的认知里，"法令者，民之命也，为治之本也"。这次你讲人情，睁一只眼闭一只眼过去了，下次别人犯法你讲不讲人情? 最后你即使睁大双眼也阻止不了违法行为，因为大家都讲人情。只要朝中有人，犯法没事的，会导致什么呢? 法没有威信，犯法之人不仅没有羞耻感和悔恨之意，还会觉得自己犯法被追究是因为自己关系不硬。犯法时被发现，会大喊"我是XX""我爸是XX"，拼爹拼关系的现象就会出现，法不责权、法不责贵、法不责富、法不责众的问题就会出现，各种"X闹"就会出现，那么法的公平公正公义何在? 芸芸众生普通百姓的权利又如何保障？所以对于个人，当然希望能有一个像公子虔那样为自己错误开脱的善人，而不喜欢我这样的奸人。可是站在整个国家的角度，如果官员都像公子虔一样做"合而复"的善人，人们就会热衷于拉关系、找门路、攀交情，违法行为就可以掩盖过去，法律在权钱势面前不值得一提，国家就会衰败。如果官员都像我一样做"别而规"的奸人，人们就会守法纪、明对错，违法行为就会受到应有的惩罚，权钱势在法律面前不值得一提，国家就会富强。所以说："合而复者，善也；别而规者，奸也。用善，则民亲其亲；任奸，则民亲其制。章善，则过匿；任奸，则罪诛。过匿，则民胜法；罪诛，则法胜民。民胜法，国乱；法胜民，兵强。故曰：以良民治，必乱至削；以奸民治，必治至强。"

梦：那您还是把公孙贾给黥了？

鞅：对，还把公子虔给啐了。

梦：是往公子虔脸上吐口水吗？

鞅：不，是斥责。

梦：斥责也算是刑罚？在我们这儿，老板经常斥责员工，照您这么说，这都是在实行刑罚了？

鞅：可能你们进化了，更文明了，就像文身不再是刑罚，斥责也不再是刑罚。但在我们那个时代，斥责确实是一种刑罚。《云梦秦简》中记载："为朝廷征发徭役，如耽搁不加征发，应罚二甲。迟到三天到五天，斥责；六天到十天，罚一盾；超过十天，罚一甲。"我问殿中法官："太傅嬴虔处理这件事情不公正，应该怎么处置？"殿中法官回答："处理不公，当啐。"

梦：为啥说嬴虔处理这件事情不公正？

鞅：这件事本来是嬴驷犯法。然而，嬴虔在了解事情经过后，责怪小宫女失礼，还错误斥责了宫女管事。按照秦律，对处理事情不公正的官员要实施啐的刑罚。还有那个小宫女，如果替赢驷开脱时，说的不是"可能找我玩"，而是"是来找我玩"，那么她也会因为作伪而受罚。当然，最后也会因为未成年而免于处罚。

梦：不会吧？她是受害者，就因为一句好心话，还违法了？

# 为什么秦法惩罚受害者？

鞅：刘邦当亭长时，因为开玩笑而误伤了夏侯婴，被别人告发到官府。身为亭长，执法者犯法，罪加一等，伤了夏侯婴要受到严重惩罚，刘邦害怕，就向上申诉，说自己没有伤害夏侯婴，夏侯婴讲义气，也说刘邦没有伤害自己。如果你是秦朝官吏，这事该怎么办？

梦：既然双方都说没有，那就算了呗。两人就是在一起开个玩笑，民不告，官不究。

鞅：那你太小瞧秦法的较真了，接到刘邦申诉，就要复查。负责此事的官吏问夏侯婴，刘邦有没有伤害他。夏侯婴说没有。官吏再问夏侯婴，他身上的伤是怎么来的？夏侯婴说自己弄伤的。官吏让他自己再弄一个看看。夏侯婴弄不出来。明显是他人伤害，夏侯婴一口咬定是自己弄伤自己，那官吏就把夏侯婴关押起来，过了一年多才放出来，刘邦也因此免于了刑罚。

梦：有两个疑点：一、为什么不把刘邦关起来？二、为什么把夏侯婴关了一年多就放了？既然认定夏侯婴作伪证，按照严格的秦法，应该弄清楚才放人吧？

鞅：不惩罚刘邦，是因为他申诉了，你不能凭他人证言就判定是刘邦打了，万一那个人和刘邦有仇，可能诬告刘邦。夏侯婴不说是刘邦打的，就不能把刘邦关起来。至于把夏侯婴关起来，过一年多又放了，是因为他身上的伤痕自己是弄不出来的，显然是伪证，所以要关他，一年过后，夏侯婴身上的伤痕愈合了，他自己可以弄个一样的了，虽然官吏知道他说谎，但依照法律就必须放人。

梦：那个告发者真恶心，别人开个玩笑，关他什么事？

鞅：如果不是开玩笑呢？是不是打了就打了？如果遇到这样的事，大家都是事不关己高高挂起，法律也不较真，那这个社会会变成什么样呢？会变成遇事围观看热闹，谁横谁厉害，碰瓷满街跑，遇事找关系等等。黑白不分的时候，灰色的就会出现，而最大的悲哀是，将灰色当作正常状态。

梦：这个世界是缤纷多彩的，非黑即白的世界是多么悲哀啊。

鞅：可是法律必须黑白分明，一件事不能是张三做了就是白，李四做了就是黑，不能受权势、钱色、舆论、怜悯等影响。缤纷至极为黑，缤纷至无为白，如果法律不分黑白，哪来世界缤纷色彩。

梦：社会是人的集合，凡事都讲法，会让人冷冰冰的，当然秦国的法就是要让人民关系冷冰冰，这样才能方便统治。

鞅：你根本没有经过社会的历练和战火的考验，凡事想当然，你不懂得法的宝贵，你不知道依法治国的不易。你只知道春秋战国是中华文化灿烂的一页，觉得秦国是毁坏这文明的元凶。当你翻过这页载满思想的书页时，你是否知道这书页中历史百姓的苦难？任何努力和变革在你的嘴里都成了维护封建统治阶级的凶器，嗤之以鼻。那你说，如果你在那个时代，你会怎么做？

梦：反正我觉得人和人之间要有温度。

鞅：你知道你这个时代最热心的人是谁？

梦：父母。

鞅：不，是网友。

梦：我知道，你接下来还会问最冷漠的人是谁？答案是路人。然后说，到底是网友不上路，还是路人不上网，对不对？

鞅：你很聪明，其实这是一个做事成本和趋利避害的问题。在秦国，路人虽然说不是最热心的人，但他一定不会是最冷漠的人。因为秦法规定，你一旦在公共场合有事，方圆百步之内的人都要出手援助，不管是挺身相助还是报警。如果只围观看热闹，那就要受到惩罚。现在，你还会觉得冷冰冰的法让人和人之间没温度吗？

梦：可这种强迫式的助人，怎么比得上那种发自内心的助人为乐。

鞅：你说得对，是比不上，如果人人都献出一份爱，世界将变成美好的人间，可你怎么保证发自内心的助人为乐？

梦：听不懂，什么意思？

鞅：一、发自内心的助人为乐的判断依据是什么，怎么知道助人者是否发自内心？二、当有人需要帮助，而旁边人不助人为乐怎么办？三、助人为乐目的是为了助人还是为了乐，助人者反被诬陷讹诈时，其他想助人者还会不会为乐？

梦：回答您的三个问题，答案就一个，助人为乐只要助人者心安便好。《黄帝内经》上说："志闲而少欲，心安而不惧，形疲而不倦，气从以顺，各从其欲，皆得所愿。"一个人尽力做好每一件事，然后安然入睡，没有人怨恨，也没有人暗杀，坚持活到百岁，耳聪目明，他就会知道，心安就是最大的公平和正义，就是发自内心的助人为乐。

鞅：你这是儒家的说辞，道理都对，可就是没有给出从外界能评判的客观标准。之前我说过，我只是焚烧官府中的诗书，而非民间藏的诗书，是因为儒学对个人修身养性是非常有帮助的，是教人怎么做人的学问。可是，处置具体事情，治理国家，仅凭心安是不行的，有些事情甚至不会让你心安。我来问你几个问题。如果你的自行车被偷了，你告诉老师，老师劝你要心安，因为是你的自行车被偷了，而不是你偷自行车了。你会怎么想？

梦：嗯，这么一想是会心安，偷车成贼，贼不是我，既深刻又浅显的哲理。

鞅：如果你被别人打了，你告诉老师，老师劝你说要心安，退一步海阔天空，你和他计较，他再报复你，你受伤更厉害，这次放过他，将来他终究会吃大亏、倒大霉的。你会怎么想？

梦：您怎么这么不会做人，举例不会举个小 A 小 B 小明什么的啊，这不是咒我吗？

鞅：既然你这么说，我就改成小明好了，如果小明……

梦：得了，您别重复了。人生十之八九不如意，家家有本难念的经，老师的劝导是很好的心理疏导，我会心安的。

鞅：你说得对，可如果小明自行车被偷了，他告诉警察，警察劝他要开心，因为是他自行车被偷了，而不是他偷自行车了。小明于是就心安了？

梦：这……

鞅：如果小明被别人打了，他告诉警察，警察劝他说，退一步海阔天空，别和打人者计较，这次放过打人者，将来打人者终究会吃大亏、倒大霉的。小明于是就心安了？

梦：这……

鞅：用所谓善于做人的观点，我肯定是失败的，因为有人怨恨我，有人暗杀我，我没有活到百岁，更别提到百岁耳聪目明了。可我要做事啊，要变法改革，要治国图强。正所谓"做天莫做四月天，蚕要温和麦要寒，秧要日时麻要雨，采桑娘子要晴干"，我不可能让每个人都满意，但我要对每个人都公平公正。

梦：我不相信您这种所谓对每个人都公平公正的处罚，会让赢虔和公孙贾口服心服。

鞅：连你都不理解，他们作为当事人怎么可能口服心服。公平公正是指法律面前人人平等，并非让所有人都口服心服。变法就是要打破既得利益的分配格局，变法者的代价、既得利益者的反扑是你想象不到的。

梦：怎么反扑？

鞅：……

梦：您怎么不说话？

鞅：很多人说我刻薄、冰冷、无情，可每次想起他们的所作所为，我都心痛难言。孝公曾给我安排过很多护卫，你知道为什么吗？

梦：知道，"君之出也，后车十数，从车载甲，多力而骈胁者为骖乘，持矛而操阖戟者旁车而趋。此一物不具，君固不出。"

鞅：你说的是现象，不是原因。

梦：原因很简单，您树敌太多，孝公安排护卫防止您被暗害了。

鞅：原因是简单，可现实很残忍。公孙贾受刑后，那些利益受损的望族贵胄们借这件事串联，进行疯狂杀戮。一夜之间，二十多个变法得力的官员及部属以及他们的家人，无论妇孺老幼，全部身首异处，甚至连身怀六甲的妇人也不放过，将肚中胎儿剖出斩断……

梦：啊，这么残忍，堪比日本侵华暴行。为什么他们要那样做，即使报复也应该报复您啊？

鞅：我在国府，他们很难得手。变法不是一句话，也不是几页纸，要落实就需要帮手。残忍杀害变法的执行者，恐吓期盼变法的民众，凝聚既得利益集团的反抗力量，斩手与斩首同样有效。

梦：斩手也不用这么残忍啊。

鞅：他们就是要用残忍来让人害怕退却。杀了人，他们还在一旁谈笑，从凶手变为看客，拿着带血的刀佯装现场捡的，然后打趣杀人犯是败家子；佯装惊讶要报官，然后打趣官都躺在这儿了；佯装关心新政怎么继续，然后打趣我这个左庶长在深宫中当缩头乌龟；佯装赶快缉拿真凶，然后打趣国家行法治得讲究证据……

梦：这么嚣张？

鞅：嚣张可以壮他们的胆气，消民众的志气。

梦：可并没什么用啊，您还是推行了新政。

鞅：《九品芝麻官》里说："贪官奸，清官要比贪官更奸。"

梦：明白了，以彼之道还之彼身，把那些凶手也灭门。不过，这么做是不是太狠了？

鞅：你说得对，也不对。我是要比他们更狠，要让这些歹徒知道怕，如果对坏人不严厉打击，那么好人就不敢做好事，不敢抵制坏人，坏人就会更猖獗，好人就会被迫变成坏人。但我的确要依法而为，要讲究证据。

梦：又要讲究证据，又要伸张正义，这太难了。

鞅：如果不讲证据，任性而为，我和那些杀人暴徒又有什么区别？

梦：可这样太难了。

鞅：难，也不难。难，是因为需要证据。不难，是因为有告奸连坐。

梦：告奸连坐？

鞅：秦人从勇于私斗怯于公战到勇于公战怯于私斗，你觉得是什么原因？

梦：跟您聊天也不是白聊的，是因为私斗者罚，公战者赏。

鞅：对，同理。告奸者赏，不告奸者罚。看客不告奸即凶手，"不告奸者腰斩，告奸者与斩敌首同赏，匿奸者与降敌同罚"。因为是灭门惨案，不告奸的惩罚很重。之后，反对变法的贵族集团，把个案惩罚无限放大，混淆视听，造谣秦法规定不告奸就腰斩，借以抨击秦国变法。

梦：看客不告奸，就说他是凶手，这样太过分了吧？虽然我知道凶手伪装成看客，但也不能说看客不告奸就是凶手啊。

鞅：你觉得什么是看客？

梦：就是旁观者。

鞅：鲁迅小说《药》中有一段描写围观杀头的看客情景："老栓也向那边看，却只见一堆人的后背；颈项都伸得很长，仿佛许多鸭，被无形的手捏住了的，向上提着。静了一会，似乎有点声音，便又动摇起来，轰的一声，都向后退；一直散到老栓立着的地方，几乎将他挤倒了。"鲁迅在另一篇文章里更是写道："群众，——尤其是中国的，——永远是戏剧的看客。牺牲上场，如果显得慷慨，他们就看了悲壮剧；如果显得觳觫，他们就看了滑稽剧。北京的羊肉铺前常有几个人张着嘴看剥羊，仿佛颇愉快，人的牺牲能给与他们的益处，也不过如此。而况事后走不几步，他们并这一点愉快也就忘却了。对于这样的群众没有法，只好使他们无戏可看倒是疗救，正无需乎震骇一时的牺牲，不如深沉的韧性的战斗。"群众的力量是巨大的。如果成为看客，事不关己、高高挂起、津津乐道、推波助澜，恶人恶事就会蔓延，正所谓"不怕黑社会，就怕社会黑"。如果成为告奸者，相互监督、相互促进、群力群防、奸无所藏，正所谓"赧郎明月夜，歌曲动寒川"。

梦：可是告奸者很容易被奸者报复，围观群众手无寸铁，而凶徒又这么残暴，谁敢啊。

鞅：围观者是否告奸，这是看客与告奸者的区别。有人说围观是一种力量，我同意。关键这个力量是在帮谁。看客，不仅不抵制犯罪，还在推波助澜，比如刚说的秦国惨案。现场那么惨，先不说有凶手伪装成的看客，就是无意识围观的看客，通过他的宣扬，暴徒的暴行影响会扩大。人们会传导这么一个信息，"别支持变法，变法者下场很惨""那些凶徒很残暴，千万别惹他们"……还会升级为各种"忠告"："遇到歹徒别反抗，不能激怒歹徒""不要多管闲事""高尚是高尚者的墓志铭，卑鄙是卑鄙者的通行证"……

梦：您说的我懂，可我的问题您还没回答我。我听过一个故事："有一个名牌大学的女孩，她晚上出去打的，这个司机一看她长得很漂亮，又是晚上一个人，司机就把她强奸了。之后，这个女孩子，她就说了一句话，把自己的性命丢掉了。女孩说：'我记住你长什么样了，我一定要报案。'结果犯罪分子说：'那你都记住我长什么样了，我还留着你干什么？'就一刀把她给杀了。后来警察把犯罪分子抓到后一审问，这个犯罪分子一共强奸了十七个女孩，但是前面十六个女孩都没死，为什么呢？人家没说这句话。一个名牌大学的大学生，由于没有平安的知识和意识，把自己的性命给丢掉了，所以说平安是最大的智慧。"

鞅：这是什么可悲的逻辑。照这么说，这个罪犯应该一直犯罪，得不到惩罚才正常？我想知道，这个名牌大学的大学生之后还有没有第十八个受害者？

梦：罪犯都被抓起来了，怎么会有第十八个？

鞅：为什么第一个后面有第二个，第十六个后面有第十七个，第十七个后面却没有了第十八、十九、二十？因为罪犯一日不除，犯罪始终不止，罪犯除了，犯罪也就终止了。在原来的作者看来，这个名牌大学生不聪明。在我看来，她是个英雄，无愧于名牌，无愧于她的学识。

梦：您这个英雄标准也太低了，她只是一个受害者，照您这么说，还要给她颁发见义勇为奖？

鞅：以生命的代价制止犯罪的延续，拯救后续的无辜的人，难道不是见义勇为吗？如果按我的想法，不仅这个女大学生要高调褒奖，之前那十六名受害者都要被追究谋杀者同谋的刑责。

梦：这太过了吧。

鞅：当善良在罪恶面前懦弱时，罪恶只会更嚣张，甚至嚣张到认为善良是错的，它才是对的。如果你听的这个故事是真事，原来那种调调谁最喜欢？犯罪分子。如果按我的想法处理，谁最害怕？犯罪分子。我们试想一下，如果那个司机第一次犯罪时，第一名受害者采取女大学生同样的态度，罪犯会怎样？可能会求饶，会去自首。

梦：您太一厢情愿了，他最大可能还是会灭口。

鞅：即使灭口，也会少了另外十六名受害者。

梦：那第一名受害者就活该要死？您太冷血了。

鞅：那第几名受害者该死？照那个故事的逻辑，犯罪什么时候可以中止？正因为，之前没人反抗，那个司机在杀害女大学生时，才那么理直气壮，"那你都记住我长什么样了，我还留着你干什么？"说不定还拿来作为自己的辩护，"我也不想杀人，之前十六个受害者我都没杀，就可以说明我本质不坏，不是杀人犯，可那个女大学生用话语激怒我，逼我杀她，我强奸，是我不对，她激怒我杀人，是她不对……"甚至有些看客说，"晚上还一个人出去，这不是活该吗？""还名牌大学生呢，都没有平安的智慧，说那话被杀太正常了""造孽啊，如果她不那么说，她也不会死，那个司机也不会因为杀人而被判死，造孽啊，一句话，两条命""红颜祸水，所以说女人不能长得太漂亮"……没有人天生下来就是大奸大恶之人，人的心里如同有个三角形，做一次坏事，三角形就转一圈儿，人就痛一下。可坏事始终没有被发现阻止，当三角的棱角磨没了，坏人做坏事就不会痛心了，就成了大奸大恶之人。

梦：您这么说是没错，可用生命来作为告奸的代价，您觉得有多少围观群众愿意呢？

鞅：告奸连坐，趋利避害。选择告奸的，得利；选择连坐的，同罚。而且告奸是"告"字为主，并不是非得和凶徒直接对抗，比如那个故事里第一个受害者，可以在受伤害后去报警。

梦：如果那样，她的名节就毁了。

鞅：凶徒总是拿捏着善者的顾虑。如果实行告奸连坐，受害者不告奸就是同谋，所谓名节会受到更大损伤，如果告奸，就是见义勇为，得名得利。比如之前我们谈到的"三聚氰胺的奶，苏丹红的蛋，染色的馒头，有毒的豆芽，假药假疫苗假调料"，如果实行告奸连坐，告奸者，那些违法所得归其所有，见义勇为还有官方奖励；知情不告，与首恶同罚。那么这样的事会少很多。

梦：我觉得这样告奸连坐，不是鼓励见义勇为，而是怂恿大家成为见利忘义的小人，会败坏整个社会风气。

鞅：说到败坏风气，不告奸才是。污染的红色水种出的水稻自己不吃，卖给别人吃；滥用激素种出的水果自己不吃，卖给别人吃；害人的奶粉，卖，反正自己小孩不吃这个品牌；害人的疫苗，卖，反正自己小孩不打这个批次；污水，不处理就排到到江河里，治理反正不用自己操心；废气，不处理就排到大气中，治理反正不用自己操心。每个人都明哲保身，都故作聪明，都事不关己，坐在键盘前又在痛恨他人，其实是在易粪而食。告奸连坐是保护多数人不受少数祸害的，不明白你为什么这么反对。

梦：小人逐利而耻，君子取义而荣。有心为善，虽善不赏；无心为恶，虽恶不罚。您这个告奸连坐，功利性太强，不是君子所为。

鞅：有心无心谁说了算？自己心自己知。奖惩要靠客观行为来核定才公平。比如考试，客观题是非对错一目了然，而主观题就不一样了。答得字迹潦草，阅卷老师心情不好，甚至阅卷的时候老师一不小心打个喷嚏都会影响你的分数，更有甚者，有的老师认为一篇文章可以得满分，另一个老师觉得应判零分。清朝有个故事，陕西乡试，一位主考大人赴西安做考官，临行前拜访官至尚书的恩师。两人谈话间尚书想放屁，但又不好意思，移了移屁股，主考官以为有玄机，立马问有啥吩咐。尚书说："无他，下气通耳！"意思是说："没啥，只是放了个屁。"主考官理解错了，以为要录取一个叫夏器通的。结果在西安，真有一名叫夏器通的考生，阴差阳错下这夏器通得了个第一名。

梦：您这故事是杜撰的吧。

鞅：道理相通，现实中有或者没有，都可以一笑而过。

梦：照您这么说，不论有心无心，那杀人者都得以死偿命？

鞅：我只能说同样的场景、同样的行为、同样的条件、同样的后果，要有同样的奖惩。

梦：您错了，杀人有故意杀人，有过失杀人，有被胁迫杀人，有正当防卫杀人，有无意识杀人，惩处怎么能一样呢？

鞅：你没明白我说的。同样是杀人，战场杀敌人还要授爵。同样是杀人，未成年和成年人也要区分。我说的是，同样条件下，造成的同样后果，要有同样的惩处，与心无关。

梦：您大错特错，有心和无心杀人肯定是不一样。比如精神病人在不受自己意识控制情况下杀人，是不用承担刑责的。

鞅：难怪间歇性精神病诊断书越来越贵了。

梦：间歇性精神病也挺好啊。那些碰瓷的，就怕间歇性精神病。

鞅：你这是以暴制暴，以强去强，会陷入恶性循环。

梦：您怎么能说以暴制暴，以强去强呢？这两类人都是弱势群体，都挺可怜的。

鞅：在我看来，法外惩治为暴，法难治者为强。因为违法成本太低，法对违法者没有震慑力，只会让碰瓷者越来越多，精神病越来越多。现在杀人犯辩护如果不说自己精神压力大，有精神病史，有抑郁症，还是间歇性的，都不好意思说自己正儿八经的辩护了。按医学常识来说，抑郁症是有自杀倾向，而非杀人倾向。抑郁症患者杀人，究竟是道德的沦丧，还是人性的扭曲？都不是，是披着弱者的外衣，行强者的暴行，是为了逃避法律应有的制裁。

梦：照您这么说，我很想知道，秦法是怎么处置间歇性精神病的犯法行为。

鞅：秦国当时的条件是辨别不出谁是精神病，所以没有明文规定。你可以对照我们处置麻风病人的例子。

梦：什么例子？

鞅：《云梦秦简》记载："麻风病人犯罪，应定杀。""定杀"是怎样的？就是活着投入水中淹死。"甲犯有应处完城旦的罪，尚未判决，现甲患麻风病，问甲应如何论处？应迁往麻风隔离区居住。"

梦：你们太残忍，太没有人性了。

鞅：恰恰相反，正因为依人性而为，才会这么做。秦法不歧视病人，如果犯法在前，犯病在后，就迁到隔离区居住，相当于刑罚中止了，这是一种人文关怀。如果犯病在前，犯法在后，加重惩处，警醒患病者专心治病，不能治愈也不要自暴自弃，防止恃病凌弱，对少数病者和多数常人来说，也是人文措施。

梦：您这是狡辩。

鞅：你有你认知的自由。秦国如果可以辨别出精神病，那秦法对于精神病人犯法处置同样如此，犯法在前，犯病在后，送到精神病院；犯病在前，犯法在后，加重惩处。这样，真的精神病患者，家人会更加严密守护；假的精神病患者，就不会借此胡作非为。而且，精神病除了先天遗传生理性的，后天患病都与环境有关，如果身边关系和谐，氛围友好，精神病患者也会大大减少。

梦：感觉您这是在赤裸裸地威逼啊，不能从内心感化，霸道始终不能算是正道。

鞅：内心感化，从个体来说是没有问题的，可是从整体上来说是不公平的。"放下屠刀立地成佛"，劝导者劝人迷途知返，功德无量。被劝者自是大彻大悟，由魔变佛。看起来皆大欢喜。

梦：难道不是吗？

鞅：可是放下屠刀的前提是已经举起了屠刀，随着屠刀逝去的欢歌笑语，带来的无边痛苦又怎么算呢？

梦：人死不能复生，逝去的算是来世的功德吧，痛苦就放下吧，冤冤相报何时了。

鞅：可来世又有屠刀举起，反正放下屠刀立地成佛。劝导一个魔成佛，诱导一批人成魔。

梦：您这是什么歪理邪说，劝人去恶从善还有错了？法律不是冷冰冰的规则、条例，虽然法律有时显得不近人情，但法律的最终目的是为了维护人民的权益、维护社会的正常运行。那些认为法律就是单纯惩罚"犯规者"的论调，只会曲解立法者的原意，破坏法律的整体实施效果。我们现行的法律就是有温度的，能调解的调解，能和解的和解，能谅解的谅解，哪像你们秦法那么冷血。

鞅：我理解你们的法律温度。可我们现在谈的是刑事惩处，你突然用民事调解来对比，这不合适。

梦：刑事里也有谅解啊，取得受害人家属谅解书，有助于减轻刑罚。

鞅：我不能说这样不好，法的价值在于公平正义，只要不影响这个前提，一切都好。去恶从善当然没错，关键是用什么方法。去恶从善如果沉迷于劝导和谅解，对个体很出彩，对整体有反作用。为什么有人会沉溺劝导和谅解呢？因为那样看起来很厉害，有名望。魏文王曾问扁鹊："你和你两个哥哥的医术，谁最厉害？"扁鹊回答："我大哥医术最厉害，我二哥次之，我的医术最差。"魏文王问："能详细说说吗？"扁鹊回答："长兄于病视神，未有形而除之，故名不出于家。中兄治病，其在毫毛，故名不出于闾。若扁鹊者，镵血脉，投毒药，副肌肤，闲而名出闻于诸侯。"所以说，善劝者如扁鹊，善治者如扁鹊他哥。法治就是人治他哥，不论你是人，是魔，还是佛，都要你为自己做过的事负责，就是用威逼让人们不做不该做的事，用利诱让人们做该做的事。

梦：真佩服您能把威逼利诱说得这么理直气壮。

鞅：为什么不能理直气壮？我就是通过告奸连坐的威逼利诱，把灭门惨案给破了，还亡者一个公道。我就是用告奸连坐的威逼利诱，让秦人怯于私斗，勇于公战。

梦：威逼利诱是贬义词，威逼是强盗行为，利诱是小人行径。

鞅：得知小明被劫匪绑架，警察把劫匪包围了，让劫匪投降，否则就用武力消灭他们。这算不算威逼？

梦：算。

鞅：警察算强盗吗？

梦：那劫匪绑架小明，算不算威逼？

鞅：算。

梦：劫匪算强盗吗？

鞅：算。

梦：这不就结了，威逼就是强盗行为。

鞅：你这是以偏概全。威逼就像刀子，可以用来做美食，也可以用来伤人。利诱同样如此。你之前说见利忘义是小人行径，这句话本身没错，但你不能把见利等同于忘义，进而说见利或利诱就是小人行径。

梦：高尚的人、有道德的人是不屑于谈利的。人之所以区别

于动物，是因为人有更高的精神追求，而不只追求低级的物质欲
望。

　　鞅：你又以偏概全，把利看得狭隘了。精神追求也是利，"放
下屠刀立地成佛"难道不是一种利诱吗？"利者，义之和也"，不
能把利和义对立起来。

# 公子卬是不是真的愚蠢？

梦：呵呵，要不是您的黑历史，我说不定还会相信，您一个见利忘义、背信弃义的人也好意思谈义。

鞅：什么黑历史？

梦：看这段话，"太史公读《商君书》，以鞅天资刻薄少恩，余读《商君列传》以为非尽然。鞅之为人，刻薄寡恩为表，为利而无所不为，方其质耳。商鞅刻薄寡恩之例，《史记》载者甚多，其诈魏公子卬事特为可见，鞅后被秦捕，投魏而不可得，略可见魏人恨其之深。然则，鞅失信于魏在后，其前尚有徙木立信之事，固可忘乎？由徙木事观，鞅之知诚信为行事根本亦明矣。然其后又寡恩于魏卬者何故？曰：徙木立信者为利，失信于卬者亦为利也。于商鞅其人，信可，不信亦可，惟有利可得则已！鞅之与甘、杜论言有'苟可以利民，不循其礼'，亦可窥其一斑。顾此思之，唯利是图者，可不惮乎！"

鞅：你说的黑历史，就是欺骗公子卬，然后夺河西之地的事？

梦：您可真健忘。

鞅：我怎么会忘记，我当时选择了这么做，也料到了后世之言。对这件事我无怨无悔，即使历史重演，我依然选择如旧。

梦：无怨无悔是褒义词好吧，您也好意思用。秦国就是毁在"商鞅变法"后的唯利是图上，变法后的秦国就像服了兴奋剂的运动员，强一时可以，但害处更多，所以是短命王朝，"二世而亡"。

鞅：涉及义和利的关系，我就不能再隐瞒真相了，其实公子卬被擒，是我和他共同设的局。

梦：啊？

鞅：你觉得公子卬真的那么愚蠢和不堪吗？

梦：按道理来说，两军对峙，势不两立，公子卬竟然毫无防备地被你所骗，这种军事幼稚实在无法解释公子卬的行为的合理性。其实我也觉得，公子卬被擒可能是你们的合谋。

鞅：没想到你能看破这个玲珑局，是个真正懂我的人。

梦：我觉得，你年少时与公子卬交好，你们约定，公子卬助你去秦国发展，等你发展起来后，对魏国发动战争，然后退兵，让公子卬立功在魏国掌握大权，就像苏秦对待张仪一样。不过公子卬没想到，你会黑吃黑，用自己好哥们的人头，换取商君的名号。

鞅：你们网上曾流传一张照片，两个古人的雕像，本来是探讨学问的姿势。然后来了一位女士，往两个雕像中间一站，屁股贴在一个雕像手上，胸部凑在另一个雕像嘴边，双手勾搭雕像的脖子，两个探讨学问的雕像形象立马变成了两个好色老头。历史不会为自己辩解，历史中的形象总是被后人所描绘，而后人的后人就信以为真。你们现在什么《XX计》《XX传》电视剧，本来就是编剧猜测臆断，还非得给自己安个探寻历史真相的历史正剧的名头，各种钩心斗角，各种虐心恋……不把宫廷拍成暗战，不把古人表现得尔虞我诈，充满阴谋诡计，来几段荒唐而凄美的男欢女爱都不好意思说自己是拍宫廷剧。古人是什么？古人就不能是那个时代的热血青年？就不能有血有肉有理想有追求有奋斗？就只能为个人私欲喋喋不休？

梦：你之前不是说我真正懂你吗？

鞅：我以为你是正数，谁知道你只是个绝对值，绝对值符号拿掉之后，里面是个负数。

梦：区别很大？

鞅：斯人已逝，真相可以说出来了。孝公二十一年，魏国在马陵之战遭受齐国重创，主将庞涓自杀，太子申被俘。我对孝公说："秦国和魏国的关系，就像人得了心腹疾病，不是魏国兼并秦国，就是秦国吞并魏国。魏国地处山岭险要的西部，占据崤山以东，与秦国以黄河为界。形势有利时就向西侵犯秦国，不利时就向东扩展领地。如今秦公圣明贤能，秦国繁荣昌盛。而魏国刚刚被齐国击败，可以趁此良机攻打魏国。魏国抵挡不住秦国的攻势，必然要向东撤退。魏国一向东撤退，秦国就占据了黄河和崤山险固的地势，向东可以控制各国诸侯，为秦国一统天下的大业奠定基业！"孝公采纳了我的建议，决定趁魏国实力尚未恢复之机，大举攻魏。

梦：我知道，魏国派公子卬迎战，到了战场，你写了封信给他说："吾始与公子驩，今俱为两国将，不忍相攻，可与公子面相见，盟，乐饮而罢兵，以安秦魏。"会盟结束，你们畅饮一番，你埋伏了甲士袭虏魏公子卬，趁机攻击魏军，尽破之以归秦。

鞅：你看到的只是表象。会盟只是个形式，它的背后是国家实力的支撑和博弈。如果会盟人员被对方所擒，己方就分崩离析，可叹的不是参与会盟人员，而是这个国家的可悲。如果会盟人员那么容易被擒，从而导致胜败得失，历史上也不会有那么多会盟、国事会晤和访问。公子卬应邀而来，一见面，我就对公子卬说："我这边很多人都说你不会来。"公子卬说："我这边很多人劝我不该来。"我说："说你不会来的人是不清楚你的豪情。"公子卬说："劝我不该来的人是不清楚你的品行。"我说："与公子交，若饮醇醪，不觉自醉。"公子卬说："初闻不知曲中意，再听已是曲中人。想当年，我们指点江山，粪土万户侯。没想到如今兵戈相向，我们变成了你我。"我说："公子焉知你我不会再变成我们？"公子卬说："中间别隔，遥闻芳烈，故来叙阔，不知大良造拟定的盟约内容是什么？"我说："河西之地归秦国，秦魏宣示两国结好，秦公派遣使者去魏国给魏王祝寿，我们在这里畅饮后，各自罢兵回国，以安秦魏两国。"公子卬说："那还谈个屁，你太不讲理了。"我说："公子爆粗口都显得那么温文儒雅，真是让人佩服。齐桓公二十三年，燕国遭到山戎入侵，燕庄公向齐国告急，燕国解围后，燕庄公对齐桓公的义举感激不尽，他送别齐桓公一直送到齐国境内。按照礼制，燕庄公送齐桓公出国境，等于齐桓公享受了周天子的待遇。为了不僭越王权，齐桓公把燕庄公所走过的齐国领土全部割让给燕。秦公与魏王在彤地会盟修好后，秦公恭送魏王入魏境许久，魏王理所当然地承受了，尔后还制丹衣，建旌九斿，从七星之旗。请问公子，是谁先不讲礼？"

　　梦：你这是在偷换概念，此礼非彼理。

　　鞅：我们那个时候，不讲礼就是没有理。公子卬这个时候转个话头，"有一个人放着自己装饰华美的车不用，却想去偷邻居的一辆破车；放弃自己华丽的丝织品不穿，却想去偷邻居的一件粗布短衣；放弃自己好饭好菜不吃，却想去偷邻居粗劣的饭菜。这是一个什么样的人呢？"我答："这个人肯定有偷窃病。"公子卬说：

"河西之地是贫瘠的地方,秦国不把精力放在建设栎阳故土和咸阳新都上,却想夺取河西之地,这和那个得了盗窃病的人有什么区别?况且秦国地广人稀,土地富足而百姓不足,损失不足的而去争夺多余的,是不明智的。趁我国刚刚受挫于东方而背后捅刀子,是不仁义的。不仁义不明智还有病,注定是要失败的。"

梦:公子卬说的有道理。

鞅:我对公子卬说:"公子谬论,河西之地就是秦国故土。魏文侯在位时,魏国准备向西发展,夺取了秦国东部河西之地。周威烈王七年,魏军首先在河西少梁修筑城池,以便屯兵积粮进攻秦国。秦国随即发兵进攻少梁,阻止魏军修城。两军在少梁交战,魏军击败秦军,继续筑城,进行备战。周威烈王十三年,魏军准备完毕,开始向河西秦军进攻,深入至秦纵深的郑地附近,大败秦军。周威烈王十四年,魏文侯又命太子击率军攻克繁庞,驱其民而占其地。周威烈王十七年,魏文侯任命吴起为主将,攻克秦国河西地区的临晋、元里并筑城。次年,吴起再次率军攻打秦国,一直打到郑县,攻克洛阴、郃阳并筑城。而秦国只能退守至洛水,沿河修建防御工事,并筑重泉城加以防守。至此,魏国全部占有原本属于秦国的河西地区,并在此设立西河郡,由吴起担任首任郡守。公子博学多才,对这段历史不会不知道吧?"

梦:秦国被魏国打得好惨啊,难怪秦孝公在《求贤令》中把河西之地被魏国夺占看成一大耻辱,秦国忍气吞声近八十年,多亏您一举夺回。我现在觉得你即使靠诈骗取胜,也是棒棒哒。

鞅:你看书看呆了,什么事总是幻想一蹴而就、快意恩仇。现实中怎么可能呢?就像李斯所说,"孝公用商鞅之法,移风易俗,民以殷富,国以富强,百姓乐用,诸侯亲附"。变法,他用一句话就概括了，但不意味着我在秦国变法很简单。事实上，梦想、愿望、目标是要一步一步达到的，秦国的变法，我是分了两个阶段若干步骤，花了二十年实施的。实际上，河西之地，我没有完全一举夺回，这八十年秦国也不是一直忍气吞声。

梦：那秦孝公还因此封你为商君？

鞅：魏文侯死后，魏武侯在位时，秦国就多次反攻，想夺回河西之地。有次调集超过五十万的大军，进攻秦国东进道路上的重要城邑阴晋，结果被吴起率五万人反杀。秦献公在位时，秦国国力转弱向强，多次打败魏国，去世前一年在少梁大败魏军，还俘虏了公叔痤，占领了庞城。然而魏国以庞涓为主将反扑，河西之地又被夺回。我在秦国第一次变法后，也夺回过部分河西之地，然而为争取时间在国内进行第二次变法，我劝孝公和魏国讲和，暂时放弃夺回河西之地。孝公当时很难理解，我劝他说："有种胜利叫撤退，有种失败叫占领。"后来孝公在彤地和魏惠王相会修好。这次我虽然没有完全夺回河西之地，但夺回的地方没有再丢失，实实在在并入秦国国土，而且为完全夺回河西之地打下坚实的基础。

梦：我懂了，河西是贫瘠之地，占领了既要费力费钱治理，还要派兵守卫，得不偿失，所以你劝孝公放弃。只是我不明白，既然"有种失败是占领"，为什么你第二次还要占领河西之地呢？

鞅：世事变迁，攻守之势异也，一时放弃不等于永远放弃，拳头缩回来是为了更好地打出去。河西之地是秦国故土，被占是耻辱，撤退是无奈，夺回是崛起的必须。国家不完整，怎么实现真正的富强？河西之地是战略要地，如果真是得不偿失，为什么魏国要侵占？魏国占领河西之地，等于封住了秦国东出的路径，实行经济文化上的封锁，把秦国隔离在中原文明圈外，试图让秦国落后愚昧从而消亡，肢解成西戎那样的部落。秦国夺回河西之地，等于打开东进大门，是问鼎中原、成就霸业、一统天下的必要条件。

梦：也就是说，河西之地虽然贫瘠，短期看得不偿失，但关系秦国荣辱兴衰，长远看势在必得。

鞅：不能说河西是贫瘠之地。

梦：喔？

鞅：我继续对公子卬说："公子说得没错，河西之地现在的确是贫瘠的地方，可在魏国侵占前，河西是富庶之地，由富庶到贫瘠，原因在哪？秦国视河西为心腹，魏国视河西为棋子。一则魏国驱其民而占其地，留地不留人；二则魏国要封堵秦国，把河西作为纷争战场；三则魏国决意迁都大梁后，把发展重点放在东方，对河西郡重赋税轻民生，从魏国来河西的移民，有钱有权之人以东去为荣，以留在河西郡为耻。公子，河西之民苦魏久矣。上一次我夺回河西之地，对河西之民讲解了秦国变法改革。当得知秦国重视军功和农耕，以实绩论英雄明奖赏，法律面前人人平等，人人都有获爵晋升机会，秦国对河西贫瘠痛心不已，愿与河西之民同复兴共富饶后，河西之民从此就对秦军到来翘首以盼。民为天，民心即天道，我顺天而为，替天行道，何来不明智不仁义？"公子卬怒道："卫鞅你不要诡辩，你秦就是趁火打劫。不要忘了，瘦死的骆驼比马大，我雄雄大魏国力强盛，一两次败仗算得了什么？十四年前桂陵之战，齐国侥幸获胜，天下唱衰我大魏。结果呢？赵国邯郸仍为我大魏所占领，我王调用韩国的军队击败包围襄陵的齐宋卫联军，齐国被迫请楚国大将景舍出面调停，你秦不也乖乖退地求和？如今马陵之战，齐国侥幸又胜了一回，你秦又故技重施。看在你我旧识的分儿上，秦军从哪来回哪去，另外要承担我大魏这次劳师远征的费用，否则让你们秦国吃不了兜着走。"

梦：哈哈，公子卬说这话太搞笑了，将帅无能，累死千军，猪鼻子插大葱，还真把自己当成名将了。如果换成庞涓，您就得好好掂量掂量了。你说，桂陵之战孙膑生擒庞涓后，直接把庞涓杀掉，这马陵之战还用打吗？

鞅：不光是你，许多人都想不通。孙膑和庞涓是死对头，既然捉了庞涓，怎么还会放虎归山？正如我之前所说，会盟是国家实力的博弈，不杀庞涓也是这个原因。当时的魏国是天下霸主，国力傲视群雄。齐军佯攻魏都大梁时，庞涓已经得知孙膑任齐军军师的消息，也识透孙膑围魏救赵的策略，但孙膑攻其必救，魏惠王一再催促庞涓回师，魏军中又是太子申为帅，庞涓虽然知道有陷阱，却不能不回兵救援。庞涓只能见招拆招，让太子申率一半精锐保持对赵国邯郸的占领，自己率另一半精锐回援。回援途中，庞涓率前锋轻装快速先行，让公子卬率大部随后稳步推进。庞涓进入桂陵伏击圈后，孙膑发起攻击，生擒了庞涓。

梦：庞涓为什么非要亲率前锋轻装冒进？让其他人当前锋不行吗？

鞅：当损失不可避免时，就要想法子将损失降到最小。桂陵之战是截击战，孙膑的力量不足以大败庞涓，孙膑必须一击必中，如果其他人当前锋，孙膑就会放过前锋，等后面大部到来才出击，反正孙膑是不见庞涓不撒鹰。庞涓是明白这个道理的，庞涓不当前锋，魏军损失会更大。

梦：庞涓这是为了大局英勇赴险啊。

鞅：也不算是，庞涓本来想当鱼饵，将计就计，钓孙膑这条大鱼，趁孙膑设伏包围他时，他就势拖住孙膑，等公子印大部赶到，来个反包围。

梦：那庞涓怎么还被生擒了？

鞅：因为孙膑技高一筹。齐国准备救赵国时，是兵分两路的。一路由齐国段干朋与宋国景敌、卫国公孙仓所率军队合攻襄陵。一路由田忌、孙膑所率军队进攻平陵。襄陵城池大，齐宋卫联军久攻不下，就把襄陵围起来了。平陵城池虽小，但管辖的地区很大，人口众多，兵力很强，是大梁以东的战略要地，也很难被攻克。因此孙膑就佯攻平陵，安排齐国临淄、高唐两城的都大夫率军直接向平陵发动攻击，吸引魏军主力。在攻打平陵的两路齐军大败后，孙膑不退反进，直捣魏国首都大梁的城郊，让庞涓产生错觉，认为齐军孤军冒进。庞涓当时不怕齐军设伏，就怕齐军溜掉。

梦：庞涓大意了。

鞅：失之毫厘，谬以千里。庞涓想拿自己当鱼饵，没想到孙膑这条大鱼十分狡猾，啄了一下鱼饵，就溜了。孙膑对进入伏击圈的魏军突然发起攻击，割裂庞涓队形，擒贼先擒王，捉住庞涓就撤，毫不恋战，在公子印后援来到之前，就脱离了战场。

梦：都捉住庞涓了，孙膑干吗不乘胜追击？

鞅：还追击？孙膑撤得慢一点儿就中庞涓的计了，公子印率大部精锐就会把孙膑灭掉。庞涓失误就失误在，他料到了孙膑的意图，却没料到孙膑的速度就像马蜂一样，蜇一下就飞跑了。庞涓被俘后，魏武卒损失却并不大，太子申仍然占据着赵国首都邯郸，田忌、孙膑这一路齐军撤回了齐国，魏国首都大梁毫发未损。之后，由公子印率领另一半魏军精锐，加上调用的韩国军队，击败包围襄陵的齐宋卫联军，齐国被迫请楚国大将景舍出面调停，各国休战，庞涓作为齐国议和的筹码被放回了魏国。

梦：这样说来，公子卬并不蠢？

鞅：岂止不蠢，还很厉害，加入秦国后，与魏国交战时，还俘虏了龙贾。

梦：不会吧？公子卬擒龙贾？这不是让关公战秦琼吗？不可能！

鞅：为什么不可能？

梦：公子卬和龙贾都是魏将，公子卬因你背信弃义而被擒，他怎么会为你秦卖命？

鞅：《史记·秦本纪》记载："秦惠文王七年，公子卬与魏战，虏其将龙贾，斩首八万。"

梦：那《史记·苏秦列传》还记载："秦惠王使犀首攻魏，禽将龙贾，取魏之雕阴，且欲东兵。"犀首与公子卬显然不可能是同一人，这又怎么说？

鞅：你还记得桂陵之战，孙膑生擒庞涓吗？

梦：记得啊，刚说的，后来作为议和筹码又把庞涓放了。

鞅：那我说，齐威王使田忌围魏救赵，擒将庞涓，可不可以呢？

梦：这……那公子卬擒龙贾也不合常理。公子卬是魏国贵族，魏国是他的母国，而且他还是中了你的诡计才被俘的。难道是因为他打了败仗，魏惠王一怒杀了他全家，他才因怨生恨铁了心与魏国对抗？

鞅：我怎么会让魏惠王杀公子卬全家呢。我对公子卬说："公子说得没错，瘦死的骆驼比马大，可没有活力的尸体越大越容易引来猛兽分食。桂陵之战后魏国这匹骆驼才刚刚开始瘦，所以大家都很忌惮。而马陵之战后魏国这匹骆驼就瘦死了，所以大家都想来咬上一口。既然公子对自己的大军很有信心，不如我们来下盘棋吧。"

梦：你可真能扬长避短，下围棋你可是高手。

鞅：我和公子卬下的不是围棋，而是兵棋。

梦：什么是兵棋？

鞅：就是战争推演，使用简易物品模拟战斗过程。比如墨子阻止楚国攻打宋国时，"子墨子解带为城，以牒为械，公输盘九设攻城之机变，子墨子九距之。公输盘之攻械尽，子墨子之守圉有余"。也有人说，象棋、围棋就是简化的娱乐版兵棋。

梦：照你说的那样，公子卬把齐国打得求和，那兵棋你能有多大把握赢？要是真刀真枪干起来，你估计打不过他吧？你可是以信立身，不到万不得已，你也不会诈擒公子卬。

鞅：我们下了三局，公子卬都是惨败。

梦：那你还说他厉害。

鞅：关键是他遇到了比他还厉害的名将。

梦：谁？

鞅：我。

梦：哈哈哈哈，之前还觉得你是个谦虚的人，没想到，也那么晃荡。

鞅：晃荡一下，才能知道自己的斤两，不在晃荡中提高，就在寂静中沉沦。谦虚是美德，不说实话的谦虚就是虚假。《荀子·议兵》中说："故齐之田单，楚之庄蹻，秦之卫鞅，燕之缪虮，是皆世俗所谓善用兵者也。"《汉书·刑法志》中更将我与吴国孙武、齐国孙膑、魏国吴起并称。《汉书·艺文志》中将兵家分为兵权谋、兵形势、兵技巧、兵阴阳等四派，"权谋者，以正守国，以奇用兵，先计而后战，兼形势，包阴阳，用技巧者也"，兵权谋为四派之首，包含了《吴孙子兵法》八十二篇、《齐孙子》八十九篇、《公孙鞅》二十七篇、《吴起》四十八篇……

梦：除了背信弃义擒公子卬这次，没听说你有什么战绩啊？

鞅：你觉得战国期间，谁的战绩最厉害。

梦：吴起和白起，西楚霸王项羽也不错，就像手游中的超神英雄，连杀几十次自身无损。

鞅：掌握 1433223 之类的口诀，开局猥琐发育，再遇到些猪对手，超神是稀松平常。如果有这么一个英雄，他一人不杀，你还没反应过来，你们基地就被他端了，你什么感觉？

梦：如果不是游戏 bug，那这个英雄一定要禁，要不然还怎么玩？

鞅："百战百胜，非善之善者也；不战而屈人之兵，善之善者也。故上兵伐谋，其次伐交，其次伐兵，其下攻城。"我就是那个被禁的英雄。河西之战要是没有我的黑材料，估计你连这一仗都不知道。虽然刻意淡忘，史书字里行间还是可以找到我的战绩。除了河西之战，孝公四年，我率军败韩于西山；孝公八年，我率军与魏战元里，取少梁；孝公十年，我率军围魏安邑，降之；孝公十一年，我率军围魏固阳，降之；孝公二十一年，我率军伐魏西鄙，魏惠王亲自迎战，被我打得大败而归；孝公二十三年，我率军攻占韩宜阳；孝公二十四年，我率军与魏韩联军战雁门，虏其将魏错。苏秦游说齐王时说："卫鞅之始与秦王计也，谋约不下席，言于尊俎之间，谋成于堂上，而魏将以禽于齐矣；冲橹未施，而西河之外入于秦矣。"李斯在《谏逐客书》里说："孝公用商鞅之法，移风易俗，民以殷盛，国以富强，百姓乐用，诸侯亲服，获楚、魏之师，举地千里，至今治强。"

梦：只看到您获魏之师，没看到您获楚之师啊？

鞅：你称呼我为商君，那你知不知道这商君名号由来？

梦：您在河西之战中立功，孝公为了践行当初《求贤令》的誓言，把商地分封给您，所以您号称为商君。

鞅：按照春秋战国惯例，为什么不把河西之地分封给我？

梦：河西君？您听这称呼，哪有商君好听，所以当然不能把河西之地分封给您。

鞅：看来要给你讲讲这六百里商于十五邑的由来。商于，以秦岭"商"开始，以武关后"于"结束，是"六百里"地的合称，位于秦岭南麓。商于之地原属于楚国，为楚文化的发源地之一。秦国故土为秦岭以北的渭河平原。秦献公十五年，为了拉拢秦国一起对抗魏韩两国，楚宣王将商州古道以北的广大地区让与献公。河西之战后，孝公对我说："之前我要传位给大良造，你不愿意接受。现在强秦之策兑现了，我也要兑现当初誓言，请大良造不要让我带着背信的遗憾离开这世间，你一定要在秦国挑块地方，我要为你裂土封君。"

梦：然后您就挑了商地？可我怎么听说是孝公故意把这块穷乡僻壤分封给您，还听说他临死前暗示嬴驷要杀掉您，压根就不情愿分封您，传位更是虚情假意的试探。您想想，多少人为了争君主的位子不择手段，君主心那是海底针。

鞅：关于传位的事，之前我已经给你举了燕国的例子，这次你提起来，我再举两个例子，来说明君主之位并非人人想要。一是越王翳死后，在吴地的越国人拥立诸咎之子错枝为王，错枝不愿意继位，就逃亡到丹地的洞穴中，追随而来的大臣，久劝不出，就以烟熏的方法迫使他出来。二是楚昭王临终之际，要子西继承王位，子西坚辞不受。楚昭王要子期继承王位，子期的态度一如子西。楚昭王又要子闾继承王位，子闾也坚持不受，楚昭王接连要求子闾五次，子闾连辞了五次。后来子闾见事态如此，为了安慰楚昭王，假意受命。楚昭王死后，他们封锁消息，阻绝路口，秘密派精干的使者回郢都，迎楚昭王的儿子熊章到城父，立熊章为楚王。

梦：楚昭王这招儿高啊，说把王位传给三个人，实际上让他们相互制衡，让自己儿子顺利继位，君王的心就是深啊。

鞅：君王也是人，心也是肉长的，诚然有黑心的君王，但也有红心的君王。就拿这楚昭王的儿子楚惠王熊章来说，一次熊章在吃凉酸菜时，发现菜里有水蛭，如果责备厨师而不治他们的罪，这等于熊章破坏法令；如果责备厨师并给予他们惩罚，那厨师和管膳食的人按法律都该处死，熊章心里又不忍；如果不吃，左右的人看见了，更会陷入两难境地。怎么办呢？熊章趁人没看见，赶紧把这个水蛭吞到肚子里。

梦：如果我吃饭，菜里有只苍蝇，我都恶心得吃不下去。这楚惠王还真是重口味，把水蛭吃到肚子里不难受吗？

鞅：岂止难受，也是吃不下饭，不过不是恶心，而是腹中得病，疼痛难忍。再说个例子，楚惠王的母亲越姬，也就是楚昭王的夫人，越王勾践的女儿。有一次，楚昭王同越姬游玩，玩到兴头上，楚昭王就要约定一起同生共死，越姬没有答话。等后来楚昭王病危的时候，越姬想按照楚国习俗，请求用自己的生命作为代价进行祷告，准备死后到地下为楚昭王驱赶病魔。楚昭王不让她这么做。

越姬说:"之前大王与臣妾约定要同生共死,当日我虽然没有为博取大王欢心而口头上许诺答应,但心里早已发过誓言,愿为大王而死。妾闻信者不负其心,义者不虚设其事。妾死王之义,不死王之好也。"于是越姬就自杀了。

梦:奇怪啊,您说的这些,和我之前看的宫廷剧差别太大了。

鞅:我说的这些,你们会拍吗?拍了会有很多人看吗?看了会有很多人信吗?你们的潜意识,只信潜规则,看惯了宫廷剧里的钩心斗角。不奇怪你的奇怪,正如那句话,"佛陀眼中有佛陀",正如那首歌,"像黑夜不懂昼的白,像盈缺不定的月亮,不懂那太阳的燃烧……"

梦:您又激动了,歌词都唱错了。

鞅:怎么黑我,我都无所谓,有时候我还自黑,但黑孝公我就受不了。

梦:了解,了解,孝公是真心传位给您,您说什么孝公都同意,您要什么孝公都给您,您和孝公是知己相交、生死相依,您的心情我十分了解。这样说,您心里是不是舒服多了?

鞅:并非我说什么孝公都会同意,孝公就不同意将商地分封给我。

梦:不会吧?

鞅:孝公是这么考虑的,当时商地大部分为楚国的领域,分封给我,名不符实。如果完全夺过来,再分封我,就会破坏秦楚姻亲联盟关系,不利于秦楚联手对抗三晋。况且,商地还那么偏僻。

梦:原来是这样。

鞅:我对孝公说:"秦公信守当初的诺言,一定要为我裂土封君,我真的十分感动，也绝对不会推辞。但是封哪块土地给我合适呢？我们刚完成第二阶段变法革新，所有的县都是直属于国府，都是实行相同的编制和规定制度，把任何一县分封给我，都不利于秦国变法图强，那么之前我们的努力就会白白浪费，以后秦国的法制就会受到损害。况且，如果封地不是我亲自夺占的地方，我受封为君，心里也是非常惭愧的。把现在任何一个县分封给我，秦公您完成了心愿，问心无愧了，驾鹤西去时也不会再有遗憾。可您有没有为我着想？我有什么面目接受这样的封地？接受之后，这个封地的百姓会怎么看待我？"

梦：那可以封您为河西君啊，河西可是您夺回的。

鞅：河西之地并未全部夺回，如果全面强夺，秦国有这个能力，但损失会很大，得不偿失。凡事不能因短视而意气用事。而全面占领商地，正是好时候。从河西之战的前两年开始，楚宣王为夺取淮北、泗上的十几个小国，率三十万楚军东进淮北，齐威王则率二十万齐军南下泗上，越王之侯率二十万越军出广陵，北上淮北，就连宋君偃也率军十万东进徐州。楚国先与越国战于淮北，败越于淮安、盐城。随后楚国挥师北上，与宋国战于徐州，宋国战败后，楚国夺得了徐州。接着楚国与齐国大战于枣庄、临沂，双方相持数月，互有胜负。最后，楚国于枣庄、临沂大败齐国，淮北、泗上的十几个小国全部划入楚国版图。孝公准备为我封君时，这四个国家正在淮北之地激战，当时楚国虽然在争斗中取得连续胜利，但也像一只嘴里叼着肉的疲惫老虎，看着挺威风，实际上即使狠拍它的屁股，它也不会舍得吐掉嘴中的肉而产生威胁，顶多像山中的毛驴尥一尥蹶子。孝公原本也想封我为河西君。我对孝公说："秦国进攻魏国，攻得急了，会让其他国家感受到秦国的威胁，尤其是韩魏赵三个国家，可能会放下相互间的仇怨，而齐心聚力共同对抗秦国，其他诸侯列国也会暗中支持，所以，夺占河西之地要稳扎稳打、徐徐图之。秦公要封我为河西君，时机未到。但是我们兼并商于之地，封我为商君，现在正是好时候，楚齐越宋四国现在为了淮北、泗上千里膏腴之地而打得不可开交。楚国虽然有强大的名声，但实际上国内贵族纷争、国力空虚。楚军虽然人数众多，擅长快速机动打运动战，但不擅长持久打攻坚战。现在楚国虽然势头很猛，但经不起消耗，即使这次取得完胜，也是元气大伤。兼并商于之地，等于捱了一下楚国这只老虎的尾巴，缓解东方诸国抵御楚国的压力，齐越宋等东方诸国会对秦国满怀感激之心。兼并商于之地，向西可以夺取巴蜀，向东可以挺进中原，向南可以威迫楚国。现在上天把商于之地赏赐给秦国，唾手可得。天予不取，反受其咎。还请秦公三思。"

梦：那秦楚联盟不就破裂了吗？楚国一时没有能力报复，不代表不记仇，等楚国把新占领的地方安定好了，联合其他国家一起打秦国，对于秦国来说，难道不是因小失大，得不偿失？

鞅：你还是不了解楚国。楚国虽然得到吴起变法图强，但不彻底。比如，有次楚宣王到云梦县游玩，欢畅之余感慨，等他死的时候，有谁能与他一起赴死？有个臣子表示自己愿意，楚宣王居然因为臣子的献媚，就封这个臣子为安陵君。再比如，吴起死后，楚肃王以伤害楚悼王尸体为由，抓捕作乱贵族七十余家，并处以三族之刑。其实那七十多家只是当时跳出来冲在前面的小贵族，真正策划者不但没有获罪，还因现场保护楚肃王而受赏，之后国家权力还是由各大贵族和楚王共享，像楚国令尹一职基本由王室公族、景氏、昭氏三家垄断。楚王对贵族势力是既用又防，贵族对楚王是既听从又讲价钱，为了共同利益可以齐心协力对外扩张，将所灭之国设县治之，王室贵族分之管之。因为有共同利益，所以楚国对外扩张迅速。但是获得的共同利益分配完毕后，谁的地盘就由谁负责了。当这个地方受到攻打时，除了利益受损的那个贵族，其他势力往往都是观望，甚至是幸灾乐祸。这也是楚国进攻强、防守弱的原因之一。当时楚国眼中紧盯的是东方江南富饶之地和西方巴国盐泉，对商于之地的地位并不重视，楚国王室贵族在商于几乎没有什么利益瓜葛。商于之地在名义上为秦国和楚国共管，由秦国和楚国共同派驻少量兵力维持。我对孝公说："如果秦公封我为商君，我保证，兼并商于之地，不仅易如反掌，还能让秦楚两国关系变得更好。这样，秦公您兑现了诺言，我也名副其实，秦国开拓了疆土，秦楚两国关系还能变得更密切。希望您能够同意，不要再犹豫。"

# 楚国为什么要对商鞅笑脸相迎?

梦:照您这么说,您打人一巴掌,还要人笑脸相迎,这怎么可能?

鞅:那你一定没听过《劝忍百箴》中"唾面自干"的故事。

梦:不听,不听,那是王八念经。

鞅:缩头乌龟能长寿,关键在于想要什么。孝公封我为商君后,我从蓝关出兵,然后兵分两路,一路东出洛南,一路东出商洛古道。两路秦军会合于商州,赶走商州西南面丹江一带的数百名楚军,接着又挥师东出,夺取数千名楚军把守的丹凤和少习关,并派大军驻守商洛、丹凤和少习关,完成对商于之地的兼并。

梦:那楚国什么反应?

鞅:楚宣王闻讯,立即命令十万楚军驻守淮北、徐州、泗上,然后率领剩余楚军班师回国都,同时派使者来秦国质问。说秦国趁楚国东出,占领商地,是破坏楚秦两国世代姻亲联盟,是否存心要与楚国交恶?

梦:看来您好像自己打脸了,楚国并没有像您说的那样笑脸相迎。

鞅:你不要急,接下来我将以攻为守,以进为退。我对楚国使者说:"听闻楚国国宝举世无双,我很想来一睹为快,谁知把守商洛的楚军拦阻。秦楚世代姻亲联盟,我作为秦国大良造受如此无礼对待,自然就多带了点儿人一起来观宝,顺便收拾了一下那些破坏秦楚关系的楚军。请楚使回去禀报楚王,如果楚国不方便将国宝拿出来给我看,我就带着我这三十万秦国锐士到楚都去看。到时候,还烦请楚王看在秦楚世代姻亲联盟的分儿上,准备好一点儿的食宿。"

梦:楚国国宝是什么?

鞅:我也不知道楚国国宝是什么,就是以观宝为借口,恐吓楚国。楚国当时大战刚过,没有叫板秦国的资本,不得不对我笑脸相迎。过了半个月,楚国派太子熊商来陪同我去观楚国国宝。于是,我按照商君出使的规格,前去楚国。我们到达楚国郢都西门时,只见里面搭建了几座高台,一座朝东,一座朝西,四座朝南。楚国大臣昭奚恤上前对我行礼说:"您是楚国的客人,请上西面的那座高台观宝!"我依言而行,步上西面的高台。之后,看到楚国令尹子西、太宗子敖、叶公子高、司马子反依次登上朝南的四座高台,昭奚恤最后登上东面朝西的高台向我喊:"请上国使者观宝!"我明知故问:"贵国的国宝在哪里啊?"昭奚恤回答说:"我们楚国的国宝,是贤臣而不是珠宝。今天,楚国的贤臣都在这里了!我们的令尹子西,长于内政,使国泰民安,这是第一宝。太宗子敖,长于外交,使睦邻友好,这是第二宝。叶公子高,长于军政,使国防巩固,这是第三宝。司马子反,长于武功,勇猛而善战,这是第四宝。至于说彰显楚国的大国风范,体现盛世的气度风骨,我昭奚恤勉强也算得上一宝吧!请上国使者尽情观看!"我拊掌大笑,说:"楚国贤臣很多,独畏昭奚恤。今日一观,楚国国宝果然举世无双。"太子熊商紧接着说:"楚国国宝您已观看完毕,商于之地的秦军是不是可以撤回秦国去了?"

梦:这个国宝说法很像齐王和魏王论宝的段子。

鞅:以人才为宝,所以后世称楚宣王和楚威王执政时期为宣威盛世。我对熊商说:"太子不要这么急迫,待我参见楚王之后,再说这件事也不迟。"熊商说:"父王已在宫中久候,请大良造前行。"

梦:楚国还是很急啊。

鞅:其实我也很急。细作告诉我,楚宣王连年征战,身体每况愈下,已经时日不多了。

梦:那您急什么?一般来说,国家权力交接期都是实力的低谷,楚宣王死了,对您占着商地来说,是有利的。

鞅:那楚国以后就不会笑脸相迎了,楚国某些贵族甚至会炒作说,因为我兼并了商于之地,楚宣王才会气死,那秦楚关系就很难好了。在赶往楚国王宫的路上,我看到一条小巷子里,一个七岁的小女孩在教一个五岁的小男孩写字,不禁停了下来。

梦:有什么特别的吗?

鞅:没有什么特别的。只是勾起我的一段回忆,就停下来看看。熊商奇怪地问:"大良造为何停下来?"我说:"少年强则国强,其他国家的孩童,这个年龄多数在玩泥巴,而楚国僻静的小巷子里,一个女娃娃在当先生。这预示楚国国运强盛,不禁驻足观看。"女孩发现我们在看他们,就跑过来问我:"你是秦国大良造卫鞅吗?"我反问:"你怎么知道?"女孩答:"现在楚国上下都在传,秦国大良造卫鞅出使我国。我见太子陪同你,之前又没见过你,所以判定你是卫鞅。"我又问:"你认识太子?"熊商接话说:"她是我们芈氏旁支,祖上是昭王和贞姜夫人。"我说:"原来是王族,难怪如此聪慧，楚昭王一家可是道德典范，我十分敬仰。只是从这两个小孩衣着打扮来看，貌似与王族身份不符，而且也没有仆从，难道楚国王族小孩流行散养？"熊商接着说："大良造说笑了，您有所不知，那个男孩并不是我们王族的人。正如您所说，我们历来以昭王为荣，芈氏旁支也是如此，那孩子的奶奶更是以贞姜夫人为自己的榜样。我那个兄弟，也就是孩子她爹，娶了琇氏为妻，感情很好，后来琇氏生下这个女娃，就被老太太逐出家门了。"

梦：贞姜夫人有什么典故？

鞅：刘向的《列女传》记载："贞姜者，齐侯女，楚昭王夫人也。王出游，留夫人渐台之上。江水大至，王使使者迎夫人，忘持符。使者至，请夫人出。夫人曰：王与宫人约，召必以符，今使者不持符，妾不敢从。使者曰：水方至，还而取符，来无及矣。夫人曰：妾闻贞者不犯约，勇者不畏死，妾知从使者必生，然弃约越义，有死不为也。于是使者取符，比至台崩，夫人溺而死焉。"

梦：为什么琇氏生下这个女娃，就被老太太逐出家门了？

鞅：我也是这么问的。熊商答："贞者守信不犯约。琇氏怀胎期间喜欢吃酸梅，俗话说'酸儿辣女'，老太太非常高兴，天天烧香拜祖宗，保佑她家香火传承。结果，老太太一看琇氏生了个女娃，就认为琇氏故意骗她，不诚实，震怒之下就把琇氏逐出了家门。琇氏走投无路，被一个魏姓官员纳为侧室，两年后生下那个男孩。再过两年，那个官员暴病而亡。魏家正室说琇氏是扫把星，克死了她的夫君，不断欺压她们母子三人。要不是替魏家生下个男孩，琇氏这日子就没法过了。说起来，我那兄弟也可怜，琇氏被逐出家门后，我那兄弟对琇氏日夜相思不已，至今不近女色。"

梦：真可怜。

鞅：我听完也叹息一声。那女孩在一旁冷冷地说："我不稀罕你们假惺惺的可怜。听闻大良造卫鞅才学十分了得，我有个问题想请教，如果答不上来，我看你还是打道回秦国吧。"熊商斥责道："不得无礼。"我摆摆手说："不打紧，请姑娘出题。"女孩喊那个男孩："弟弟过来。"小男孩跑过来，小女孩对他说，"之前我们争论太阳早上离我们近还是中午离我们近，问了很多人都回答不了，还有人说我们故意找麻烦。这位大人据说很厉害，我们再问问他好不好？"男孩说："我认为太阳刚刚升起时离人近一些，中午的时候离人远一些。而姐姐认为太阳刚刚升起时离人远些，而中午时离人近些。"女孩接着说："太阳刚出来时有清凉的感觉，到了中午却像把手伸进热水里一样，这不是近时热而远时凉吗？"男孩说："太阳刚出来时像车盖一样大，到了中午却像个盘子，这不是远时看起来小而近时看起来大吗？"女孩说："请大良造评断我和弟弟谁对谁错。"

梦：这是"两小儿辩日"的典故，当年孔圣人都没回答上来。不过孔圣人很谦虚，敢于承认自己学识不足，"知之为知之，不知为不知，是知也。"

鞅：我可是一个喜欢晃荡的人。我对熊商说："那就劳烦楚王多等一下了。"然后对着两个孩子说："走，我们一起去探寻答案。"我们走到一条河边的草地上，我让他们等一下，我走到河边，拿出我的水晶杯在河里舀了一杯水。

梦：水晶杯？什么样的？

鞅：样子和你平时喝茶的那个杯子差不多，只是我这个杯子是纯水晶打磨而成的，你们杭州博物馆里就有一个，被视为珍宝。有一次，你们所谓的一群"国家精神造就者"候选者去博物馆参观之后，在那里兴奋得手舞足蹈，跑来跑去，不能自已。

梦：会兴奋得那么夸张？那我也要向他们多学习，有机会去博物馆参观一下。您用水晶杯舀水干吗？

鞅：我折下一根柳枝，插在杯中，让他们观察变化。男孩说："柳枝插入水中，柳枝看起来更粗了。"我挤了些草叶汁水混到水中，让水变得有颜色，然后让男孩透过水去看太阳，问他："太阳变大了吗？"他点点头。我说："早上雾气大，空中比较湿润，所以太阳看来大。中午没有雾气，空中比较干燥，所以太阳看起来小。仅凭观看太阳的大小并不能判断太阳的远近。"小男孩问，"那就是姐姐说的对喽？"我说："等一会儿再说。"接着，我在草地上支起一堆柴，让随从在上空正中间和两侧等距离的地方各叉一块肉，然后我点燃柴火，正中间的肉都烤出油了，两侧的肉还是凉的。我说："早上的太阳在我们一侧，所以感觉清凉。中午的太阳在我们正上方，所以感觉炎热。仅凭感觉太阳温度也不能判断太阳的远近。"女孩急了，说："那总得有个远近吧，到底是早上远还是中午远？"

梦：如果忽略太阳和地球的大小，那么太阳早上和中午离人距离是一样的。如果考虑太阳和地球都是球体，通过地球自转，比较两点之间线段长短，就可以知道，早上的太阳离人远，中午的太阳离人近。

鞅：这样解释，你这个时代的小孩都很难理解，更何况古时候的小孩。我对他们说："我们可以想一下，太阳听到鸡叫就起床从家中出来，走到我们这劳作，为我们带来光明，落下西山就回家休息，那么是太阳的家离我们远呢，还是劳作的地方离我们远？"他们答："太阳的家。"我接着问："那太阳是早上离我们远，还是中午离我们远呢？"他们答："早上。"我说："那你们回小巷子接着学习吧，我要去王宫面见楚王了。"女孩不依不饶地问："大良造，您说太阳早上从家出来，晚上回家休息，那太阳的家究竟是在东边还是在西边？"

梦：又绕个死结，看这下您怎么解。

鞅：我也不知道怎么解，解铃还须系铃人，不知道就谦虚请教。我对女孩说："这个问题问得我措手不及，你觉得太阳的家在哪边呢？"女孩答："我想，太阳应该和我一样有两个家，晚上去西边的家见父亲，见不到被赶回东边的家找母亲，跟着母亲在东边的家受欺负，每天鸡一叫就被赶去干活。"我问她："你叫什么名字？"她摇摇头："我没有名字，他们都叫我琇丫头，你叫我陌巷文主吧。"我说："陌巷文主这个称谓很特别，谁给你取的？"她说："我自己取的。两边的家都不喜爱我，只有在那条陌生寂寞的巷子里，我才觉得头顶上的天、脚下踩的地、穿巷而过的风是属于自己的，只有在那里教弟弟识数写字，我才觉得自己很重要、很快乐。"我对熊商说："解难解到底，烦请太子将这两个孩子的家人叫来。"

梦：您还要管人家家务事啊，这不是秦国，您管得了吗？再说，清官难断家务事，这事您管得了吗？

鞅：再苦不能苦孩子，我看不得孩子受苦，尽力而为吧。两家人到了以后，我说："诸位，我是秦国大良造卫鞅，今日巧遇这两个孩子，也算有缘。孩子是国家的未来，为了楚国，不论国亲芈氏，还是权臣魏氏，都有责任让自家的孩子过得好一点儿。今日，我想让孩子有个完整的家，不知王族公子意下如何？"那个公子，也就是女孩的父亲，立即明白了我的什么意思，连连点头说："我愿意再娶琇氏为妻。"女孩的奶奶立马呵止说："不行，我们家不能纳个骗子回来。"我对女孩的奶奶说："老夫人，贵公子不忘新婚之诺，用情专一，实在是信义典范，然而不孝有三，无后为大。不纳琇氏，你想让你们这脉断灭香火吗？再说琇氏，她并没有要骗你，如果说她怀女儿时喜欢吃酸算骗，那你怀贵公子时喜欢吃辣又算什么呢？"女孩的奶奶愣了一会儿说："我愿意听从儿子的心意。"我转头问另一家："魏家意下如何？"魏家正室抢先回答："甚好，但琇氏要净身出户，不能带走我魏家任何东西。"我拊掌大笑，说："好，祝有情人再成眷属。"

梦：不对啊，您怎么知道那老夫人怀孕时喜欢吃辣？

鞅：我猜的，她那地方，菜里都猛放茱萸，号称"怕不辣"。孕妇饮食偏于清淡，所以我就推测她怀孕时也想吃辣，果然猜对了。

梦：那也不对啊，古人讲究女子"三从四德"，"未嫁从父，既嫁从夫，夫死从子"，这老太太应该听他儿子的。还有这琇氏，男人休了她，她不应该像孟母一样单独带孩子吗？怎么还能再嫁？改嫁也就算了，改嫁之后又嫁回来了，这也太离谱了吧？

鞅：我们古人都被你们后人给打扮得面目全非。《孔雀东南飞》里，焦母就拆散了焦仲卿和兰芝，兰芝再嫁；陆游的《钗头凤》中，描写了陆母拆散了陆游和唐婉，唐婉再嫁；汉朝史书上还记载，有个女子嫁了六次。

梦：哦。调解圆满结束，您该去楚宫了，让楚王久等是不礼貌的。

鞅：好事多磨，我忽视了一个重要的人。

梦：谁？

鞅：那个小男孩。就在琇氏牵着两个小孩走向前夫的时候，老太太发话了："你带女娃回来就行了，那个男娃我们家可不替别人养。"魏家正室立马回话："他妈都走了，他还想赖在我们家，没门。"老太太说："你刚才说，不准琇氏带走你魏家任何东西，怎么能出尔反尔，不讲信用？""人算东西吗？""你家人不算东西？""不能留在我们家""我家也不要"……争执中，小男孩哇哇大哭，拉着女孩的手一个劲儿地喊："姐姐别扔下我。"

梦：您快管一管啊。

鞅：你让我怎么管？当时我也在懵圈中。还好，窘局被女孩打破了。她大喊一声："都别吵了。"

梦：这是一声吗？

鞅：你真是个杠精。女孩接着说："我不会和弟弟分开的。"她对琇氏说："感谢母亲养育之恩，愿以后您和父亲幸福地生活。"对老太太拜了一拜说："从现在起，我叫琇陌，不会再给您添麻烦了。"又对魏家正室拜了一拜说："谢谢你们家之前的收留，谢谢你们魏家给了我这么好的弟弟。你既然瞧着我弟弟不顺眼，那我就带走了，省得在你们家受气。"然后对我拜了一拜说："我和弟弟想追随大良造，在您身边做对儿童仆，请您允准。"

梦：她还没拜她爹，怎么就拜您了？

鞅：她瞧不起她爹猥懦的样子。

梦：然后您就把他俩带回秦国了？

鞅：当时，我不好多说，看了一眼熊商。熊商会意说："楚人的事由我们楚人内部解决，怎么好劳烦秦国大良造。再说，我们楚国王族怎么能给他人做从仆。这样吧，你们姐弟俩到我宫中，我保证你们衣食无忧，专人伺候。"女孩对熊商拜了一拜说："感谢太子美意，我和弟弟到您那也算是寄人篱下。我还好，弟弟怕是要受到他人责难，即使您现在关心，等您以后国事繁忙了，我们还是要过苦日子。大良造不同，刚才为我和弟弟解惑，不是由上而下说教，而是和我们一起探讨，给我平等的感觉，我愿追随他。太子说我们楚国王族不能给他人做从仆，那当年大良造作为卫国王族，还担任过魏国相国家的中庶子呢，现在不也成为我们楚国的贵客？"女孩没等熊商答话，转头对我说："大良造，我和弟弟的情况您都看到了。我决意和弟弟追随大良造，如果您不要我们，就等于把我们推往山野丛林，我们即使想要一条陌巷都很难了。"我思索了一下说："你这么坚持，那你们就和我一起回秦国，不算仆役，我收你们为关门弟子。"

梦：这下可算圆满结束了。

鞅：熊商不同意，他说："大良造之前说这两个孩子代表我楚国强盛的国运，我怎么能让楚国国运掌握在秦国手里呢？"我答："楚国与秦国休戚与共，还分什么彼此呢？"熊商笑道："大良造不要忽悠我了，既然楚国与秦国休戚与共，大良造何必假借观宝的名义侵占我楚国商于之地？"我答："秦公裂土封君，我总不能就占个虚名吧，总要名实相符。"熊商笑道："秦国还真能拿别人的东西送人情，他们怎么不把洛阳封给您呢？"我答："这不能怪秦公，是我主动要求封为商君的。一来，不打乱秦国现有政局，于秦国变法无碍；二来，楚王东征西战，我守着商于，防止巴国对楚国袭扰，于楚国有利；三来，我为商君，面南称寡，等于在秦楚两国之间增设了隔离缓冲区域，于秦楚两国关系有利。"熊商冷笑道："好一道强秦弱楚之计。"我答："强秦自然是要强秦的，但弱楚是从何说起？"熊商说道："秦国占领了商地，向西可以谋取巴蜀两国，由汶山出兵，用大船运送兵粮，沿江河而下，不费牛马之力，十天不到就能攻占扞关，那么我们楚国从西部到东部的沿江城池就都守不住了。秦国占领了商地，由武关出兵，向南攻打楚国，那么我们楚国所有北边的土地就都会归为秦国。"

梦：糟了，您的计谋被识破了。

鞅：我对熊商说："楚国，天下之强国也。楚王，天下之贤王也。楚国地方千里，带甲百万，车千乘，骑万匹，粟支十年，此霸王之资也。夫以楚国之强与楚王之贤，天下莫能当也。然而中原诸国，视楚国，蛮夷也，视秦国，亦蛮夷也。楚国与秦国，辅车相依，唇亡齿寒。楚秦相争，正所谓两虎相搏者也，夫楚秦相敝而韩魏以全制其后，没有什么比这更危险的了。请太子仔细想一想这其中的利害关系。"熊商说："正是这个道理，但是是秦国先破坏的两国关系。"我说："一伍冲锋，众敌围之，利刃冲外，背心相依。商于之地，就像楚秦两国的背，我被封为商君，就象征楚秦两国合心之力。商于之地本来就是楚秦两国共管，现在秦公将他掌管的土地分封给我，为什么楚王不将楚国掌管的土地同样分封给我呢？这样可以展现楚秦两国世代的盟亲，让我成为名副其实的商君，立足于天地之间，我将会全力维护楚秦两国的关系和利益。"熊商笑道："大良造是秦国的大良造，可不是我楚国的大良造。"我说："昔日魏武侯浮西河而下，中流，顾而谓吴起曰，'美哉乎山河之固，此魏之宝！'起对曰，'在德不在险。昔三苗氏左洞庭、右彭蠡，德义不修，禹灭之。夏桀之居，左河、济，右泰、华，伊阙在其南，羊肠在其北，修政不仁，汤放之。殷纣之国，左孟门，右太行，常山在其北，大河经其南，修政不德，武王杀之。由此观之，在德不在险。若君不修德，舟中之人尽为敌国也。'同样的道理，楚王若不修德，身边皆为敌人，商于之地算什么山河之固？现在，楚国面临的形势非常危急。东面，楚国在淮北、泗上等地新夺占的城池还没有稳固，越国里的吴人在暗自串联，准备复辟，夺取越国政权后，发誓要像伍子胥一样攻打楚国。西面，楚国不断攻占蜀国的盐地，巴蜀两国早就一起合谋反攻楚国。北面，赵魏韩三国视楚国为蛮夷，无时无刻不在阻止楚国进军中原，就等楚国东西受到攻击时，他们由北向南实施拦腰痛击。现在太子纠结于商于之地，如果楚国国力衰败，纵有十个商于之地也无济于事。如果我为商君，守商于之地，楚国西面和北面的威胁就由我全力阻拦，对楚国是件大好事。一国之君要有大视野、大格局，不要局限在一地之得失。想当年，我攻占魏国故都安邑，夺而还之；桂陵之战后，我夺回秦国河西之地，复得复还。我现在是秦国的臣子，以后我不能是楚国的臣子吗？秦公贤明，我愿意成为秦臣。楚王贤明，我愿意为楚臣。封我为商君，我愿意为楚秦两国共同强盛而献力。"熊商喜道："大良造愿臣服于我楚国？"我笑道："难道楚国国宝已经够多的了，嫌弃我这块他山之石？我诚心而来，这个水晶杯原为秦国珍宝，我愿将它献于楚王，不知楚王授我何职？"熊商笑道："请大良造到驿馆稍稍休息，我先禀报父王定夺，再行通报。"

梦：您见楚王，还真是一波三折啊。

鞅：一波三折也好，本来楚宣王还准备了些小节目，要给我下马威的。

梦：什么小节目？

鞅：就像晏子使楚时那样，类似什么小门、坐盗、橘枳的。

梦：具体是什么内容呢？

鞅：我也不知道，是熊商送别我时，随口说了一句。大家皆大欢喜，楚王这些小节目也没有演给我看。

梦：那楚王是怎么迎接您的？

鞅：出宫迎之，拜为楚相。

梦：楚国有丞相，不是叫令尹吗？而且楚国令尹在您所谓观宝时不是有人了，你要是当了，他怎么办？

鞅：苏秦还佩过六国相印呢。所谓聘于楚，就是一个象征。楚国令尹的职位，虽然权重，但不好当，常因楚国各大势力角逐而更替，之前观宝的设计者昭奚恤也担任过令尹。

梦：感觉他很有能力。

鞅：在楚国，木秀于林风必摧之。楚宣王得知我之前称赞"独畏昭奚恤"，就询问群臣说："寡人听说，商君曾称自己就怕昭奚恤，有这回事吗？"群臣你看看我，我看看你，不知道怎么回答。这时，大臣江乙答道："从前有只老虎，从山洞里出来找吃的，看到一只狐狸，就把狐狸捉住了。狐狸说：'老虎你哪来的胆子，敢吃我？天帝任命我为百兽之长。你今天要是吃了我，那就是违逆了天帝的命令！你要是不相信我说的，那我在前面走，你跟随在我后面，看看所有的野兽见了我，是不是都吓得四处逃命？'老虎觉得有道理，就跟随狐狸往前走。果然，看到所有的野兽见了狐狸，都吓得四处逃命。其实，老虎不知道，所有的野兽都是惧怕老虎而逃命，老虎还以为是怕狐狸呢。大王所拥有的土地有五千里，所拥有的将士有百万之众，现在全部交由昭奚恤管理。商君说'独畏昭奚恤'，其实是害怕大王的权势！就像百兽畏惧老虎一样！"

梦：您在秦国变法，秦国官员也是木秀于林风必摧之吗？

鞅：变法后的秦国，决策前可以争得面红耳赤，决策后大家通力合作，事成之后论功行赏。对有功之人，大家一同赞扬学习，比如司马错和张仪。话说这司马错真是可造之才，我同他说，巴蜀之地很重要，他就能记在心上，遇到时机就据理力争。

梦：您和他说的要夺巴蜀之地？

鞅：熊商都看出来了，我当然要给所属人员点透。楚宣王承认我商君名号之后，我返回秦国。途中，我与跟随我一起入楚的司马错、尸佼、腹纯等人谈及"欲富国者务广其地、欲彊兵者务富其民、欲王者务博其德"时，就讲了夺取巴蜀之地对秦国的重要意义。司马错当时还建议我，回国立即奏请孝公联楚夺取巴蜀之地。我对他说："以强去强者，弱；以弱去强者，强。巴蜀之地，难攻易守。巴蜀不与秦国边塞通人烟，连峰离天三尺三，百步九折绕山走，冲波逆折还回川，黄鹤飞不过，猿猱难攀援，朝避猛虎，夕避长蛇，正所谓一夫当关，万夫莫开。巴蜀之人，热血强悍。周之季世，巴国有乱，将军有巴蔓子请师于楚，许以三城。楚王救巴。巴国既宁，楚使请城。蔓子曰，'藉楚之灵，克弥祸难。诚许楚王城，将吾头往谢之，城不可得也。'乃自刎，以头授使。巴蜀苴充诸国，急之则相持，缓之而后争相离，不如以待其变，变成而后击。"商陌在一旁插话问："'以强去强者，弱；以弱去强者，强'是什么意思？"

梦：商陌是谁？

鞅：就是那个叫琇陌的小姑娘，她说，大良造改称商君，她就跟着改叫商陌。

梦：楚国不是阻止那两个小孩跟随您吗？

鞅：我现在兼为楚相，当然可以跟随我。不光是她俩，楚宣王还派了一支千人队来作为我的私邑护卫，还给这俩孩子派了一支百人邑队。

梦：楚王对这俩小孩还真好。

鞅：这是楚王为了显示楚国的大国风尚，保佑楚国国运强盛。不过你可不能称这俩孩子为小孩。

梦：为什么您可以，我就不可以？

鞅：因为她俩当时再小，也是你两千多年前的前辈，所以我可以称她俩为小孩，你不行。这个琇陌就是以后的宣太后，那个小男孩就是以后的魏冉，琇陌父母后来又给琇陌添了个弟弟，就是以后的芈戎。

梦：原来是这样啊，之前我一直疑惑为啥宣太后姓琇，她弟弟姓魏，而她另一个弟弟姓芈。这就是所谓的"获楚之师"？为啥没什么记录呢？

鞅：有黑我的因素，也有人们心理的因素。就像你看的动作大片，有震慑力的场景才能吸引人，明明可以一枪干掉的事，常常因为反派话多，弄个拳来脚往，或是主角顶着光环在枪林弹雨中耍帅。我获楚、魏之师，属于上兵伐谋，从表面上看，不够有场面。

# 谁是商鞅的心爱之人？

梦：那公子卬也是输您三盘棋就拱手投降了？

鞅：他可是个要强的人，三局惨败之后，坐在棋盘旁沉思不语。长时间的静寂，我准备打破这个僵局，我清了清嗓子，"公子……"我话音刚起，一道白光迎面而来，公子卬手持短剑刺向我的喉咙。当时那把剑离我的喉咙只有零点零一公分，但是四分之一炷香之后，那把剑的主人会彻底放弃，因为我决定说一个实情。

梦：这句话怎么听起来这么耳熟？

鞅：电影里的台词，我借用一下。公子卬冷冷地说："卫鞅，你不要怪我，这一切都是你逼的。只要杀了你，秦军就会群龙无首，方寸大乱。"我淡淡地说："你不应该这么做，我也不应该死。公子久经沙场，应该知道，主帅在于运筹帷幄。现大战在即，刀出鞘，马衔枚，秦之锐士跃跃欲动，三军部署完毕，如同引而待发的弦上之箭，等待主帅号令。当公子的剑在我的咽喉上割下去的时候，就等于替我发出进攻的号令，秦军将会像离弦之箭、破堤之水一样奔向魏军。我死了，或许秦军的伤亡会大一些，但不会改变魏军惨败的下场。何况秦法规定："将军阵亡，护卫皆死，得敌一首免死。"所以，我死了，魏军也就全完了，公子你不要等到魏军全军覆灭的时候才后悔莫及。"公子卬怒道:"你当我大魏魏武卒是泥人木偶吗?棋局上的棋子是死的,战场上的将士是活的,我大魏魏武卒天下无双,赢你秦军易如反掌。"我笑道:"如果真的是这样,公子你何必用剑抵着我的脖子?公子你自己对你的军队都不自信,凭什么让别人相信?当今的魏武卒早已不是当年的魏武卒了。魏国多方征战四处树敌,魏武卒的精锐早就已经磨没了;魏军近年屡战屡败,魏武卒的血气早就已经颓废了。反过来看秦国秦军,始终以超越魏国魏军为目标,加强训练。公子说得没错,棋子是死的,将士是活的,可如若真打,魏军只会比公子的三盘败局更惨。"公子卬紧声道:"远水解不了近渴,现在你的命就在我手上,赶紧让秦军后退三舍,否则现在就让你血溅七步。"我正色道:"公子你扪心自问,如果现在你我角色互换,你会为了一己之私让大军后撤吗?你不会,我也不会。"公子卬低声道:"你以为我真不敢杀你吗?"我笑道:"我既然敢和公子近距离坦诚相对,当然有这个自信。"公子卬红着眼睛说:"你太自大了,我现在就杀了你。"我仰天大笑:"哈哈哈哈……"。公子卬愣道:"你笑什么?"我笑道:"公子别闹了,公子真要杀我何须说这么多,况且,公子现在就是真想杀我,也很难得手了。"

梦:为什么很难得手?

鞅:因为我大笑的时候悄悄向后移了三步,已经脱离公子卬的控制了。

梦:您可真敢啊,万一被公子卬当即发现了,一剑刺过去,您不就没命了?

鞅:之前我说了,公子卬要想杀我早杀了,还用废那么多话?我这么做,也是为了给公子卬一个台阶下,要不然,我不让不动,他不让不动，剑就这么一直抵着我的喉咙，这还怎么往下谈？

梦：然后呢？

鞅：然后公子卬哈哈一笑，把剑插回剑鞘，剑柄冲我放在了桌子上，举起酒杯说道："大良造豪情不减，还是当年的模样，我先干为敬。"我跟着坐下，回敬一杯。公子卬接着说："我今日不杀大良造，大良造也难活过明天。"我问："此话怎讲？"公子卬说："吁，君何见之晚也！夫四时之序，成功者去。日中则移，月满则亏，物盛则衰，天地之常数也。君功高震主，秦人只知有大良造而不知有秦公。况君因景监见秦公，非名也；大筑冀阙而劳百姓，非功也；绳秦之贵公子，非礼也；残伤民以骏刑，非寿也。君尚将贪将相之权，宠秦国之教，畜百姓之怨，秦公一旦捐宾客而不立朝，秦国之所以收君者，岂其微哉？亡可翘足而待。君之危若朝露，尚将欲延年益寿乎？则何不归于魏？得君而秦强，失君而魏衰，魏王痛惜不已，常说'寡人恨不用公叔痤之言也'。现在秦国对待大良造如同狡兔死，走狗烹，魏国对待大良造如同久旱逢甘露。卬愿以自家百余口老小性命，力保大良造为魏相，请君熟思。"

梦：魏惠王这句"寡人恨不用公叔痤之言也"，是恨当初没有杀您的意思吧，怎么到了公子卬嘴里，变成了魏惠王恨当初没有用您的意思？

鞅：汉语很注重语境，语境不一样，意思就不一样。周显王十四年，秦孝公与魏惠王在杜平会面前，我作为秦国左庶长拜见魏惠王，向魏国示弱示好，极力吹捧魏惠王。说他应该得到周天子一样的尊崇，劝他傲视群雄，说我会让秦孝公首先表达敬服，让魏惠王认为周边国家都应该敬服于他。他当时很高兴，笑着说我是栋梁之材，说"寡人恨不用公叔痤之言也"。这时候他说这句话的意思就代表肯定和客套，既不后悔当时没杀我，也不后悔当时没用我。不过我借机向他推荐一个人，说此人能给魏惠王增添更多的财富。

梦：您推荐了谁?

鞅：白圭。

梦：您可真是举贤不避亲。

鞅：我和白圭有什么亲? 之前我都没见过他。

梦：您少忽悠人，您就算没有明媒正娶白雪，她总是您的知心爱人吧，她总给您生个儿子吧，她的父亲白圭怎么说也算是您的老丈人吧? 不对啊，您这时间不对，白雪帮您逃离魏国去秦国时，她父亲白圭已经死了，您当秦国左庶长的时候，不可能推荐白圭啊?

鞅："白雪""莹玉"多么对仗的好名字，一看就像是杜撰的。白圭在挑选自己商业门徒时曾说："吾治生产，犹伊尹、吕尚之谋，孙吴用兵，商鞅行法是也。是故其智不足与权变，勇不足以决断，仁不能以取予，疆不能有所守，虽欲学吾术，终不告之矣。"可见，白圭活的时间可比我长。

梦：那电视剧中公主"莹玉"也不存在吗?

鞅：是的。非常感谢大家的好意，可能是觉得只有象征白雪、莹玉这样的女子才能配得上我。

梦：您可真够自恋的。

鞅：我可不喜欢自恋，自恋的人通常都很悲催。就像唐伯虎自称"江南第一风流才子"，后人为他杜撰出八个老婆不算，还要他"八目共赏，赏花赏月赏秋香"。你以为唐伯虎是"桃花坞里桃

花庵，桃花庵下桃花仙，桃花仙人种桃树，又摘桃花换酒钱"的
"仙"，其实他是自己绝笔诗"生在阳间有散场，死归地府又何妨，
阳间地府俱相似，只当漂流在异乡"的"惨"。

梦：那您老婆是谁？难道是像苏格拉底一样娶个"如花"？

鞅：我没有老婆，我一生都未娶妻。

梦：不会吧，唐伯虎一生穷苦潦倒还娶了老婆，您位高权重
怎么会没有娶妻？

鞅：因为我心中始终有个女孩，难以忘怀。

梦：哪个女孩，这么大魅力，她叫什么名字？

鞅：她叫小羊。第一次见她的时候，我七岁，她五岁。

梦：您这是青梅竹马啊，然后呢？

鞅：我最后一次见她的时候，她五岁，我七岁。她的父亲是
我们家的依附民，我的父亲是卫国的公子。她没来过我家，我也
没去过她家，遇见她是在一个小河边。那天，我趁着仆人们中午
打盹，从宫墙上的狗洞钻出去玩，遇到她在河边的草地上放羊。
我在宫里的日子实在无聊，她在家里也没人和她聊，我们两个小
孩在一起聊得很开心，打水漂、编花环、捏泥巴……一起玩得很
开心。

梦：然后呢？

鞅：然后她赶着羊回家，我也钻回宫中，名字都忘问了。第
二天，我又出去找她，问她叫什么名字。她说自己没名字，家人
都叫她小羊。小羊问我叫什么，我说："鞅。"她说："那我叫你鞅
哥哥吧。"我说："行。"玩了一会儿，听到她肚子咕咕地叫，我问
她肚子怎么会叫，这么好玩。她说每天都会叫，是饿的，非常难受。
她说她非常羡慕那些羊儿，因为它们有吃不完的草。我对她说：

长大以后，我娶她，保证不让她挨饿。

梦：然后呢？

鞅：然后我们就拉钩发誓了。这时，她肚子又叫了，她低头说，估计等不到长大，她就饿死了。我说，我以后可以每天从宫里拿东西给她吃。第三次见面的时候，我给她带了一个油饼，她咬一口，就不吃了。我问："不好吃吗？"她哭了，说自己从来没有吃过这么好吃的东西，要带回去给爸爸妈妈爷爷奶奶尝一尝。我说，那我下次多带几块。第四次见面的时候，我带了五块。

梦：然后呢？

鞅：你已经说了四次"然后呢"，这样很容易把天聊死。

梦：不好意思，职业习惯，我这是用来表达我非常非常关注。如果您感到不舒服，我马上改。然后呢？

鞅：好吧，然后第五次见面，我一块也没带。

梦：为什么？

鞅：因为我出来和拿饼都是偷偷的，拿一块还好，一下拿五块就被发现了。

梦：发现您偷饼了？

鞅：那倒没有，是饼少了的事情被发现了。大家认为有偷吃东西的贼，就加强了管理，我再去拿就找不到了。第五次见面，我不好意思地对小羊说："今天没有饼。"小羊笑着对我说："没关系的，鞅哥哥心里有小羊，小羊就很快乐。你看，小羊这里有饼。"说完，拿出小半块饼。我问："你怎么没吃完啊？"小羊说："爷爷说五块饼一人一块，我说自己小，吃不了一块，就留了一小半，父亲劳累，其余给父亲吃了。"我说："那你没吃啊？"小羊说："我吃了一小口，鞅哥哥你看，饼边上的尖尖就是小羊咬掉的。"我说：

"那你赶快吃吧，以后我再想法子拿。"小羊摇摇头，说："我舍不得吃。"我急了，说："相信我，饼还会有的，你快吃吧。"见她还不吃，我拿出自己的玉佩塞给她说："我把玉佩押在你这儿，下次我拿饼来换，你总该相信了吧。"她笑着说："鞅哥哥你别急，小羊吃就是了。"她吃了一口，说："真好吃，鞅哥哥，你也吃一口。"我说不吃，她佯作生气说："鞅哥哥不吃，小羊也不吃。"我拗不过她，我一口，她一口，那块饼我们吃了很多口也没吃完。

梦：后来您用几块饼把玉佩赎回来的？

鞅：我没有赎回来，我永远都赎不回来。回到宫中我翻遍厨房，也找不到能直接吃的东西，最后在柜子上面找到一小筐干木耳。第六次见面，当我把干木耳给小羊，她咬了一口说："这个不好吃，像树皮一样难吃。"我刮了一下她的鼻子说："直接吃当然不好吃，这个要先泡在水里，泡大了就好吃了。"第七次见面的时候，我问她木耳味道怎么样，她说比干的好吃多了，不过味道和水差不多，她就吃了一个，因为不好吃，也没和家里人说。我听完笑着递给她一小包盐，说把盐拌进去就好吃多了。她拍手笑着说："太好了，那我多泡几天，泡得大大的，要是好吃，我就拿给爸爸妈妈爷爷奶奶一起吃。"

梦：我觉得您下次还可以带点醋和蒜，这样调味，脆脆酸酸更好吃。

鞅：没有机会了。我再去河边的时候，没有见到小羊，接连两天都没看到。第三天她的父母来到宫门跪下，说小羊吃了我给的东西，现在昏迷不醒，浑身发黄，求我们去救救小羊。父亲问我的时候，当时因为发慌紧张，我居然否认我偷偷给小羊送过东西。宫人打发她父母回去，说没有此事，并说宫里的东西哪是他们山野村人能吃到的，即便是贵人吃剩下的饭菜，宫里的狗想吃都轮不上，他们家小孩有福气看到就不错，肯定是饿急了，在山里摘什么毒果子吃坏的。小羊父母只得无奈离去。

梦：怎么会这样？

鞅：小羊之所以会变成这样，是因为吃了泡发时间过长的木耳。木耳本身没有毒，但泡发时间过长，会导致椰毒假单胞菌大量繁殖，会产生一种名叫米酵菌酸的毒素，人摄入这种毒素后，就会有致命风险。在细菌性食物中毒当中，米酵菌酸毒素是致死率最高的细菌毒素之一，死亡率高达 50% 以上。

梦：您当时是不是特内疚？如果当时立即派宫中最好的医生去就好了。

鞅：没用的，这个原因中毒，你们现代都没有特效药，更不要讲以前了。医生及时去了也没用，要看中毒轻重和体质情况，轻者可自行恢复，重者丧命。我当时没有太多内疚，就是挺挂念，因为小时候不懂这个，没觉得是木耳的问题。因为木耳我吃了没事，小羊第一次吃也没事，我也以为是小羊自己吃了什么毒果子导致的。

梦：可怜的小羊，就这么香消玉殒了。

鞅：小羊没有中毒死亡，她挺过来了。

梦：真的吗？那太好了！

鞅：小羊父母走后，我父亲对我看管严了起来，我没法溜出宫，也不知小羊怎么样。一个月之后，小羊的奶奶来到宫门，说要还我的玉佩。我见到她，她问："这玉佩是公子的吗？"我点点头，她把玉佩递到我的手里。我问："是小羊让您还给我的吗？"她点点头。我问："小羊还好吗？"她摇摇头。我又问："小羊还饿吗？"

她又摇摇头。我再问:"小羊什么时候去放羊？"她转过身离开说:"小公子不要再问了。"我看着她离去的背影,手握着玉佩愣了半天,回过神,我决定向父亲坦承一切。父亲听完,叹了一口气,说:"那个小姑娘重病昏迷确实因你而起,木耳泡时间长了会有毒。"

梦:您父亲怎么可能知道木耳泡时间长了会有毒的事情？那个时候医学还没有发展到微生物学吧。

鞅:之前我给你解释的,是引用你们现代人的说法。我们那个时候,虽然不懂中毒原理原因,但吃了会怎么样还是知道的。神农为世人尝百草,也没听说他精通微生物学。

梦:那您父亲怎么处置您的？

鞅:我父亲说,此事虽因我而起,但我初衷是好的,而且我的无心无知并不是导致中毒的直接原因,没有处罚我。他认为小羊能让她家人来还玉佩,说明小羊是不幸中的万幸,苏醒过来了。父亲让我拿十块饼去小羊家。父亲对我说:"既然小羊家把玉佩还回来了,那我们也要守信。"得知小羊中毒是因我而起,我有点怕去她们家,怕面对小羊和她的家人。父亲突然问:"你知道为什么给你取名叫鞅吗？"我摇摇头。父亲接着问:"你知道鞅是什么吗？"我回答:"马脖子上的套子。"父亲点点头说:"如今你长大了,也明白事理了,我要把这个鞅的来历和你说一说了。"父亲停顿了一下说:"虽然我不是嫡出,但我是长子,你爷爷本意是立我为太子的。那时你刚出生,百日刚过,我陪你母亲回了一趟娘家。返回的时候,乘坐的马车出了问题,马鞅突然断了,御手控制不了马的奔跑。马拉着车子狂奔,一侧轮子滑掉在悬崖边,车子在倾斜中前行。你母亲把怀里的你递给我,让我抱你跳车,我犹豫一下,还是跳了下来。在我抱着你跳下来的一刹那,马车翻下了悬崖。"

梦：那您母亲······

鞅：和马车一起，跌落了悬崖。父亲对我说，当时护卫赶来，抱过父亲怀里的我。父亲要跳下去救母亲，被护卫死死拉住。父亲拔剑架在自己脖子上，逼着护卫退后。他对护卫说："男人无信何以自立，何以服人？娶妻之时，我发誓与之相伴一生，甘苦与共。今日不幸遇难，生我要见人，死我要见尸，如果上天要我俩都命丧于此，那也不负我俩的情义。"说完，他就从悬崖上跳下去了。

梦：然后呢？

鞅：那悬崖底下的树木比较茂盛，缓解了马车下坠的力量，母亲被父亲救了回来，但头部受伤，在家昏迷了三天三夜，醒来时神志如同三四岁的小孩，生活不能自理。父亲因跳崖，双腿严重骨折，养好之后只能拄拐杖行走。

梦：那也是不幸中的万幸了。

鞅：父亲接着对我说："因为行动不便，从那以后我就不能带兵打仗了，加上宫里礼数要求，处理政务也不便露面。久而久之，在宫里如同隐居，你爷爷也就把太子之位传给了你叔叔。这件事后，有人笑我自作孽，为女人而跳崖，失去了太子之位，私下称我为庶孽公子。我不在乎。如果当时我没有跳下去，国君之位可能就是我的，可那样的国君不会是卫国之福。如果当时我没有跳下去，你母亲就救不回来，我怎么面对自己，怎么面对你？那样对我来说，天天是煎熬。马鞅断了，我们的命运改变了，但我从未屈服，从未沉沦。我给你取名叫鞅，就是希望你能如同结实的马鞅，尽自己应有的责任，不要轻易断裂，要守护好你该守护的人。鞅儿，如果让你选，你是选国君之位还是做庶孽公子？"我回答："我愿做庶孽公子。"父亲点头称赞。我说："我知道应该怎么做了，男人要守信，男人要尽责，我马上就去小羊家。"父亲让我等一下，安排了一名知道小羊家的门客同我一起去，并对我说："犯错不要紧，要能知错就改，要勇于承担犯错的惩罚，这样你才是真正的男人。上次小羊家人来的时候，你说没有此事，我就相信你了。后来想起厨房宫人曾说有偷吃的贼，我就安排人查了一下。有人说曾看见你在厨房翻东西，后来厨房清点，的确少了一小筐干木耳。本来我是要狠狠鞭打你一顿的，现在你主动承认，那就等你回来，罚你面壁思过一晚。"

梦：之前不是说您无心无知，不追究您了吗？怎么还要罚您？

鞅：因为我说谎了。

梦：谁小时候还没撒个谎啊，小孩子撒谎正常。

鞅：一般说谎不外乎两种情况：一是做了不该做的事，怕人责备而谎称没做过；二是应该做的事没有做，却谎称已经做了。不该做而做，该做却不做，这本来就已经错了，如果自己不知犯了错，尚可原谅，可以指出他的问题所在并给他一个改正的机会，可说谎却是明知故犯，自欺欺人，这和盗贼的行为有何区别？天下万恶，都源于此。

梦：您父亲也太较真了。

鞅：后来我父亲对我说，如果我说谎，他不知道或没有证据，他不会惩罚我，但证据确凿，就一定要惩罚我，否则他就会失信于我，说这是立身治国的根本，叫作刑名之学。

梦：原来是这样，难怪人家说你年少好刑名之学。小羊怎么样了？我觉得看望病人就带十块饼太少了点吧，您父亲也太小气了。

鞅：这十块饼是我守信的标志。我父亲已经让那名随我同行的门客把地契带上，代表我父亲交给小羊父亲，准备让他们由依附民变为自耕农。

梦：那小羊一定会很开心的，不对，是小羊一家人都会很开心的。

鞅：……

梦：您怎么摇头啊？

鞅：……

梦：您眼圈儿怎么儿红了？

鞅：来不及了，小羊已经死了。

梦：怎么会？不是说小羊中毒后苏醒过来了吗？她不是还让她奶奶给您还玉佩了吗？

鞅：我们在半路上追到了小羊的奶奶，表达了我们要去看小羊的想法，邀请她上车同行。她摇摇头说不用了，说小羊已经死了。我惊呆了，缓过神后，也像你刚问我的那样，连问她几个问题。她缓缓说出事情的经过。原来，小羊虽然苏醒了，但因此得了脑瘫，走路都走不好，更不要说帮家里放羊了，要有人随时照顾她。半个月后，小羊母亲受不了，偷偷跑了，小羊奶奶拖着年迈体衰的身体照顾小羊。又过了一周，小羊奶奶也生病了，由小羊父亲和爷爷轮流照顾小羊，可这样，一家生计就出现了问题。后来，小羊父亲和爷爷决定放弃小羊。

梦：放弃小羊？要把她遗弃到荒山野岭，让她自生自灭？

鞅：不是。小羊父亲和爷爷瞒着她奶奶，把小羊带到竹筏上，划到河心，给小羊腰间绑了两块石头，然后把小羊推下河，沉入河中。

梦：他们怎么能这样干！

鞅：那个时候，父母杀死自己的小孩是不会受到惩罚的。小羊奶奶说完经过，我大怒，高喊："我要杀了他们为小羊报仇。我母亲也是这样的病，我父亲始终悉心照顾，从未嫌弃。"小羊奶奶听闻，坐在路边大哭道："都怪我这老太婆子，如果我没生病，能照顾孩子，他爷俩也不会那样。公子家是贵人，贵人生病自然可以养着。我们是贱民，贱民病了只能等死。为了照顾小羊，全家生计都要断了，田里活干不完，年底怎么给公子家交租。没人放羊，宫里让养的羊都瘦了，年底怎么给公子家交代。命啊，这都是命啊，生在穷人家命当如此。公子是好人，我家的爷俩也不是坏人，他爷俩要是没了，我这老太婆还怎么活。公子不如成全我们全家，现在就杀了我吧。"我默然无语。小羊奶奶接着说："公子不要怪我们，只能怪命，怪我们命贱享受不了贵人的东西。小羊是个懂事的孩子，公子给的饼，她舍不得吃，让给她爹吃。公子给的木耳，她泡在碗里，看了又看。公子给的盐，她捏到碗里水中，和一和，把一个木耳放到嘴里，说好吃，就端碗给我吃。我也不舍得，准备第二天一家人一起吃。当时小羊忍不住饿，喝了半碗木耳水，连说好喝。谁知当天晚上小羊就喊肚子痛，本以为撑一撑，第二天就好了，结果越来越严重，到第二天晚上就昏迷不醒了。我们怕打扰公子家睡觉，第三天一大早才跪到宫门求救。不承想阎王好见，小鬼难缠，看门人把我们打发回来了。"我问："那你怎么说玉佩是小羊让你还给我的？"小羊奶奶答："小羊是个好孩子，别看她病成那样，她心里什么都清楚，她娘跑了，她爹冲她摔碗发脾气，她躲在我怀里吓得发抖。我骂她爸，她就扯扯我衣服，含糊不清地说：'爹难受'。他爷俩为了不让我阻拦，丢小羊那天，让我一早去摘什么草药给小羊吃。等我回来，小羊爹就把你的玉

141

佩给我了，让我拿到公子家问问是不是你的。如果是，就还给你。我问小羊爹，小羊呢。她爹说丢了。我问丢哪了。他说丢河里了。我当时发了疯打小羊爹，他站在那儿，任我抽打。小羊爷爷拉开了我，说全家不能一起耗死。小羊爹抹抹眼泪，说小羊当天有预感，拉她上竹筏的时候，她死活不肯。到了河中间，她抱着她爷爷大腿一个劲儿喊怕。把她推下河时，她左手还紧拽着竹筏边不肯撒手，就在她爹蹲下来要扒开她的手时，她将右手搭在竹筏上，松开拳头，把玉佩放在竹筏上，喊了一声'鞅哥哥'，就松开左手，沉入水中。那时我们才明白，为什么从昏迷到苏醒，她一直紧攥右手，我们原来还以为是后遗症，其实她是怕把公子的玉佩弄丢了。"

梦：愿小羊在天上没有疾病和饥饿。

鞅：从那以后我就发誓，我要努力学习，不要让自己的无知再伤害别人。我要努力寻找，寻找那充满鲜花的地方，让所有的人都不要饿肚子，让所有病人都不会被遗弃。我要永远把小羊记在心里，除了小羊，我谁也不娶。现在你能理解，我为什么一生都没娶妻了吧？

# 商鞅为什么要向魏惠王推荐白圭?

梦：理解！可您说您之前没见过白圭，那您凭什么推荐他?推荐他的原因又是什么?

鞅：听闻白圭的口碑和能力而推荐他，推荐他为的是魏国的建设和发展。

梦：啥?

鞅：魏惠王是个有想法的国君，韩赵两国趁魏武侯死后魏国内讧，联军攻魏，差点儿让魏惠王继不了位。魏惠王发誓要雪耻，要比他的父亲魏武侯和爷爷魏文侯更有作为。继位第二年就对韩、赵两国发起反攻，败韩于马陵，败赵于怀。为了便于东进与齐国争夺对各诸侯国的控制权和影响力，继位后的第六年决定将国都迁到大梁。魏惠王迁都大梁同时，将国家控制的逢忌泽让给百姓利用，以施惠于民，接着又兴修水利，"入河水于甫田，又为大沟而引甫水"，农业得到了发展。可是魏国的堤坝经常溃坝，常常今年河西遭水灾，明年河东遭水灾。河西发生灾荒，魏国就将河西的灾民安置到河东，将河东的粮食运送到河西。当河东发生灾荒时，魏国就将河东的灾民安置到河西，将河西的粮食运送到河东。国都大梁的建设和迁都计划也因水灾而停滞。而白圭作为商人，能像猛兽猛禽捕捉猎物一样勇敢果决地抓住赚钱的时机，作为富商，能薄饮食，忍嗜欲，节衣服，与用事僮仆同苦乐。有人问他为何赚钱不享乐？他解释说，财富如水，蓄难溃易，赚了钱就享受，如同魏国堤坝"千里之堤溃于蚁穴"。因此，我虽然没有见过白圭，但知道他能解决水灾，就向魏惠王推荐了他。事实证明我是对的，白圭施展了他杰出的治水才能，解除了魏国的水患。之后，魏惠王还拜他为相，迁都大梁也在魏惠王继位后的第三十一年完成了。

梦：魏国不是秦国东出的障碍吗？当时您作为秦国的左庶长，怎么还为敌国推荐解决困难的人才呢？难道是像此后的韩国给秦国推荐水利专家郑国治水一样，目的是要耗费魏国的国力吗？

鞅：秦国的变法发展走的是自强之路，自身的富强绝不会建立在对手的衰败上，盼望对手衰败或是幸灾乐祸都是懦弱无能的表现。秦国与魏国比的是谁更好，而不是谁更差，秦国不怕魏国发展得好，因为秦国有信心发展得更好。

梦：听起来像外交辞令，不真实。

鞅：你觉得不真实，是因为你难以理解这种思维。你可能觉得我作为一个人，必然会为个人谋利益；作为卫国贵族，必然会为卫国谋利益；作为秦国左庶长，必然会为秦国谋利益。你这么认为，也不能说错，可当个人利益与集体利益、局部利益与天下利益相冲突时，不同的人就会有不同的选择，仁人志士当系天下苍生。仁人之所以为事者，必兴天下之利，除去天下之害，兼相爱，交相利，为天下人谋福祉。我作为墨家巨子，当看到魏国百姓遭受洪灾之苦，我肯定会将白圭推荐给魏国。推荐白圭，是我的应有之义，而不是什么阴谋诡计。

梦：啥？您再说一遍。

鞅：推荐白圭，是我的应有之义，而不是什么阴谋诡计。

梦：上一句。

鞅：我作为墨家巨子，当看到魏国百姓遭受洪灾之苦，我肯定会将白圭推荐给魏国。

梦：您作为墨家巨子？您怎么能成为墨家巨子？

鞅：我为什么不能成为墨家巨子？

梦：法家和墨家应该是水火不容的吧？您是法家学派代表，怎么可能是墨家巨子？

鞅：在我那个时代，天下学派众多，显世之学莫过于墨、杨、儒，但没听说过法家学派。

梦：法家学派代表人物除了您，还有子产、李悝、申不害、韩非、李斯等，您去秦国时还带着李悝的《法经》。

鞅：那我去秦国还带着《管子》呢，你怎么不说我是管家学派呢？

梦：您这就不对了，历史都摆在那儿，之前您还自称是法家呢。怎么一转眼就不认账了？您在秦国的变法就是按《法经》来的，您怎么能说战国没有法家学派？这不是胡扯嘛。

鞅：《法经》主要是刑法，秦国变法参考了《法经》，但更多的是创新，秦法不仅是刑法变革，更是民法革新。我不否认自己是法家，这毕竟是你们后世给我的殊荣，但我在秦国变法，并不是因为自己是法家，所以要依法治国，而是坚持依法治国，才被称为法家。你把因果顺序弄颠倒了。你说的这些法家代表人物，并没有师承关系。我说没有法家学派，就是这个意思。韩非和李斯是荀子的学生，而荀子以孔子继承人自居，被称为儒家后圣。严格说来，韩非和李斯应该算是儒家学派的。既然法家代表韩非和李斯出身儒家学派，那么我当然可以是墨家学派的。其实我受管仲影响挺大的，我喜欢管家这个称呼，管家都是实干家，我实际上就是秦国的大管家。

梦：那就对了，管仲也是法家代表，法家虽然没有形式上的拜师收徒，但思想上是一脉相承的，所以法家是有学派的，您就是法家学派的。

鞅：照你这么说，战国有法家学派也说得通。只是，你觉得管仲是法家代表，但有人还认为他是道家代表。既然管仲可以身兼法道两家学派，那么我也可以身兼法墨两家学派。

梦：这……法家和墨家理念上有难以调和的冲突，法家强调专制，墨家强调兼爱，怎么可能合为一体？除非您人格分裂。

鞅：如果法家和墨家不能并存，赢驷和腹纯关系就不可能那么密切。如果法家和墨家不能并存，就不会有所谓东、西墨在秦国之争。你回去看看《墨子》和《商君书》，里面有很多理念是相通的，甚至有的内容是重叠的。

梦：话虽这么说，但我还是难以接受，在我的脑海里，墨家巨子那都是传奇一样的人物。

鞅：商君不也是传奇一样的人物吗？

梦：您可真自恋。

鞅：没有小羊，我只能自恋了。秦国变法被称为商鞅变法，并不是说，秦国变法靠我一个人就可以了，实际上变法需要很多人的齐心努力，秦国变法没有墨家的参与也是很难成功的。

梦：那墨者是什么时候到秦国去的呢？

鞅：墨家的人什么时候去的秦国，这个还真不好说。墨家是一个纪律严密，讲究知行合一的团体。墨家创始人墨翟出身于底层，父母都不显赫，被其他学派骂为无父无母之人。墨家成员多来自社会基层，他们有强烈的社会实践精神。他们可不是躲在深山老林中的神秘团体，他们之所以神秘，是因为墨家组织严密，外人根本看不出来谁是墨者。墨家以"兴天下之利，除天下之害"为目的，隐藏在各行各业、各个国家，小隐隐于野、中隐隐于市、大隐隐于朝，不论隐于哪儿，如有需要，聚如一团火，如不需要，散如满天星。做官的墨者要向团体捐献俸禄，做到"有财相分"。所以，墨者什么时候到秦国去的，这真不好说。墨翟作为第一代巨子时，秦国就应该有墨者了。

梦：我怎么听说，墨翟不是第一代巨子呢？相传，墨家巨子对所属成员有绝对权威，说一不二，墨者对巨子唯命是从，赴火蹈刃，死不还踵。可《墨子》里描写，有的追随者在墨翟生病时还诘问墨翟。这样看来，墨翟只能算是墨家创始人，算不上真正的墨家巨子吧？真正的墨家第一代巨子应该是孟胜，说死大家就一起跟着死。

鞅：权威不代表专断。一个优秀的团体，内部讨论越畅所欲言，外部战斗就越坚强有力。你看过《教父》吗？

梦：看过。

鞅：《教父》里的考利昂老头子是他们家族的绝对权威，考利昂老头子拒绝索洛佐的毒品合作，反被索洛佐设计枪击。表面上是考利昂老头子的儿子在谈判时唐突发言，使索洛佐看到他们家族意见缝隙导致。其实深层次原因是考利昂老头子前一天晚上没有在他们讨论谈判事宜时真正说服他们，从而形成统一认识，反而是让他们去猜测自己的想法，顺便讥笑了自己的助手黑根。这种绝对权威固然能让从属唯命是从，但不牢靠。最牢靠的是发自内心的认同，正如墨者对墨翟一样。墨翟受到诘问，从而解疑答惑，这是一个统一认识的过程，是一个优秀团队的必备内部氛围，并不影响墨翟的绝对权威。墨翟命令下达后，墨者赴火蹈刃，死不还踵的态度更坚决。孟胜舍生取义，表面上看更悲壮、更义气，可孟胜缺乏墨翟的智慧。同样是守城，墨翟有两手准备，先安排弟子带人防御，随后自己去说服楚王，最后成功解除危机，这是积极防御。而孟胜，只有一手准备，只能用死守彰显大义，这是消极防御。所以说，墨家巨子不是不能被诘问，相反，能让从属畅所欲言、大胆诘问的巨子才是优秀的墨家巨子。

梦：那墨家是怎么帮助秦国变法的呢？

鞅：这要从墨家帮助秦献公从魏国返回秦国说起。

梦：怎么扯这么远？秦国变法不是从您当上左庶长才开始的吗？

鞅：变法需要基础，而这个基础是秦献公开始浇筑的。之前说了，墨者隐于各国各行各业，关注天下大事，力所能及锄强扶弱。当年秦献公在公叔痤家为仆时，举止之中，气魄宏伟，谈吐之间，志在天下，欢笑时不得意忘形，娱乐时不玩物丧志，生气时不失去理智，出错时不推卸责任，低落时不悲观失望，劳苦时不埋怨放弃。因此，墨者与之亲近。

梦：您太能扯了，秦献公怎么可能在公叔痤家里为仆？

鞅：为什么不可能？

梦：秦献公他原来可是秦国太子，怎么可能到公叔痤家里为奴仆？

鞅：奴和仆可不是一个意思，奴没有人身自由，仆只是提供服务，战国各公子的门客都算是仆。你们现代的公仆，听说很多人挤破了头想当还当不上呢。所以，别把奴和仆混为一谈。

梦：那秦献公也不可能到公叔痤家为仆啊，他之前可是秦国太子。

鞅：为什么不可能？越王勾践还尝过吴王夫差的大便呢。

梦：那不一样，勾践是被夫差俘虏的。秦献公作为秦国太子逃亡魏国，在政治上是有很大的利用价值，因而魏国肯定会给秦献公优厚的待遇。

鞅：秦献公是秦灵公之子，又称公子连。秦灵公去世后，秦灵公的叔父、秦献公的叔祖父悼子夺得君位，是为秦简公。当时十岁的秦献公为防不测，逃到东边的邻国魏国，开始长达二十九年的流亡生涯。如果魏国认为公子连有很大利用价值，是不会等这么长时间才安排秦献公回国的。

梦：那秦国太子也不会潦倒到给别人当仆从啊。

鞅：晋文公重耳在流亡途中，虽然有能臣拥护，被齐楚两国看中，一路上也很潦倒，有次向一个农夫讨饭都讨不到。晋文公有一帮大臣随行都潦倒成这个样子，更何况十岁就孤身逃亡出来的秦献公呢？秦献公小时候虽是太子，但那时秦国国力疲弱，政权不稳，国君的废立经常是由几个庶长做主，秦献公在众多流亡公子中也不是显得特别重要。

梦：秦国流亡的公子很多吗？

鞅：多着呢。就在秦献公继位后，想重赏拥立自己的大臣，重罚阻拦自己回国的大臣时，大臣监突然劝谏说："若是这样做，那么臣子们就会争相将流亡在外的诸多公子迎回国，这对国君您是不利的。"

梦：流亡的公子，日子就一定苦吗？重耳流亡到齐国时，不是过得乐不思晋吗?

鞅:那是因为齐桓公是春秋首霸,收留重耳一方面是彰显自己的德望,另一方面是想让重耳在醉生梦死中消磨意志。不是所有人都能走桃花运的,你可以看看嬴政还有他爹异人流落赵国的窘境。

梦:太子变仆人,这个变化太大,我一下子还接受不了。

鞅:太子变仆人的例子,史书上也有记载,比如齐襄王田法章。齐湣王死于淖齿之手后,太子田法章改变姓名到莒地太史敫家中做仆人,后被拥立为齐襄王。秦献公在公叔痤家为仆,运气算是不错的。公叔痤和秦献公年纪相仿,兴致相投,名为主仆,实似兄弟,曾立下"不求同年同月生,但求同年同月死"的誓言。

梦:不会吧,这个誓言应该是刘关张桃园结义才开始有的吧?

鞅:可刘关张三个人并没有遵守誓言,而秦献公和公叔痤是按誓言实现了。在我印象里,还有三人做到了,那就是田开疆、公孙捷和古冶子。

梦:您说的是两桃杀三士的典故吧,这三个人也太傻了,中了别人的圈套,丢了性命。秦献公作为一国君主,可不会像他们三个人那么傻。

鞅:傻得那么义无反顾,春秋战国之后就很少有了。少梁之战秦献公俘虏了公叔痤,攻取了庞城。因为公叔痤早年在魏国对秦献公不薄,献公在盛情款待一番后,将公叔痤放回魏国。不久,秦献公和公叔痤因为年老多病就都去世了。这也许是巧合,但实际上圆了他们当初的誓言。

梦:照您这么说,不是魏武侯特意关照安排秦献公回国夺君?那秦献公在公叔痤家为仆,是怎么回的秦国呢?

鞅：有两股力量帮秦献公回国。一是秦献公帮公叔痤解决了一个大难题，公叔痤作为回报，奏请魏武侯礼送秦献公出魏国。二是墨家力量，护送秦献公进秦国取得君位。

梦：秦献公帮公叔痤解决了什么大难题？

鞅：公元前387年，公叔痤在田文死后，担任魏国相国，当时吴起在魏国担任西河郡守，威望很高，公叔痤对吴起非常畏忌，整天因此而发愁。秦献公得知后，对公叔痤说："相国不必忧心吴起，这个问题很容易解决。"公叔痤大喜道："公子有何高见？解决了这个大难题，你就是魏国的大功臣。"秦献公说，"魏国功臣我可不敢当，如果我帮相国解决这个难题，请相国也帮赢连解决一个难题。"公叔痤问："公子有什么难题？"秦献公说："我十岁逃亡至魏国，至今已经有二十七年了。故国难回，我经常思念落泪，请相国帮助我离开魏国回秦国。"公叔痤说："这不难，秦国国君本就是公子你的，这几年秦国内政混乱，只要公子向魏侯作出秦魏两国交好的承诺，愿意听从魏侯差遣，魏国一定派大军护送公子回秦国夺回君位。"秦献公摇头说："虽然相国待我不薄，把我当成手足兄弟，但秦魏两国世仇已久，魏国大军护送，我承担不起，秦国地处偏远，劳烦魏国大军远行劳累，我也不忍心。我只需要相国帮我顺利离开魏国就行了。"公叔痤接着说："公子并不是秦国留在魏国的质子，当然可以自由来去魏国。可公子在魏国待这么久了，如果离开魏国前不向魏侯辞别，恐怕其他人会说公子你不讲朋友道义，魏国守关卡的将士不会让公子离开魏国。如果公子离开魏国之前，向魏侯辞别，又怕魏侯对公子依依不舍，不让公子离开魏国。"秦献公笑道："相国，有一家农户种田，为了防止邻居多占自家的田地，就把篱笆扎到邻居田里。邻居自然恼火，整天大骂，时刻想把篱笆拆掉，而这个农户始终提防邻居拆篱笆，没有精力在自家地里深耕细作。请问这家农户的收成能好吗？"公叔痤答："不能。"秦献公接着说："相国说得极是，要想收成好，就得在自家地里下功夫，主要精力用于庄稼的种植上。可现在魏国还不如这家农户，夺秦国河西之地，把精力用于与秦国对峙上。虽然，魏文侯和现在的魏侯都是雄才大略之人，可周天子承认魏赵韩三国还不到二十年。魏国人心不稳，魏国各大贵族与赵韩两国关系纷杂密切，魏国太子与各公子之间关系微妙，各公子都想得到吴起等重臣支持，魏国内忧外患那么多，何必舍国本而逐末利？如果我回秦国，必然不会对魏国大骂，魏侯在位，我也不会拆除篱笆。这样，魏国得以深耕细作，称雄天下。我想，以魏侯现在的贤明和智慧，即使舍不得我离开魏国回秦国，也会依依送别的。"

梦：我知道秦献公是如何解难题的，他让公叔痤先向魏武侯说："吴起是个贤明的人，我们魏国属于侯爵一级的小国，而且和强大的秦国接壤，臣恐怕吴起不想长期留在魏国。"魏武侯必然要问："那怎么办呢？"公叔痤就乘机向魏武侯说："君侯可以把一位公主许配给吴起，他如果愿意留在魏国就必定欣然接受，如果不愿意留在魏国就必然辞谢。以此就可以试探他的想法。"然后公叔痤再亲自把吴起邀请到公叔痤的府上，让公叔痤的老婆，也就是大公主故意发怒而轻谩公叔痤。吴起看见大公主那样轻贱公叔痤，就想到自己也会遭到小公主轻贱，就会辞而不受。于是魏武侯因而对吴起有所怀疑而不信任他。吴起害怕魏武侯降罪，就会离开魏国而到楚国。从此，公叔痤稳踞相位，多年执掌魏国权柄。

鞅：你怎么知道的？

梦：有关公叔痤的记载都这么写的，可是我不相信这种小人伎俩真的是秦献公想出来的。

鞅：小人伎俩？对秦魏楚以及吴起都有利的计策怎么能是小人伎俩呢？

梦：教唆公叔痤为了保住相位，使用下三烂的手段排挤贤能，这还不算小人伎俩？

鞅：照你这么说，"两桃杀三士"才是标准的小人伎俩。看事物不能只听信流言，而是要仔细思考判断，不能三人成虎，让曾子杀人。我们来看吴起离魏去楚的结局，秦国解除了一个外患，魏国解除了一个内患，楚国迎来了一个变法机遇，吴起得以施展才华，拜为卿相。

梦：您这是在诡辩，其他的我承认，可说魏国解除了内患，我不认同。如果公叔痤真为魏国考虑，就应该主动让贤，让吴起担任相国，那样魏国会更加富强！

鞅：秦献公的计策就是，让公叔痤向魏武侯推荐吴起担任相国。

梦：不会吧？

鞅：然后魏武侯必然拒绝。

梦：为什么魏武侯必然拒绝？

鞅：公叔痤也是这样问秦献公的。秦献公反问："相国与田文比，谁更贤能？"公叔痤答："不如田文。"秦献公接着说："当年魏侯新立，田文为魏相，吴起不服气。一日，吴起当面问田文：'请与子论功，可乎？'田文说可以。吴起一问：'将三军，使士卒乐死，敌国不敢谋，子孰与起？'田文回答说自己不如吴起。吴起二问：'治百官，亲万民，实府库，子孰与起？'田文回答说自己也不如吴起。吴起三问：'守西河而秦兵不敢东向，韩、赵宾从，子孰与起？'田文回答说自己还是不如吴起。吴起接着问：'此三者，子皆出吾下，而位加吾上，何也？'田文听后反问吴起，'主少国疑，大臣未附，百姓不信，方是之时，属之于子乎？属之于我乎？'吴起默然良久回答说：'属之子矣。'田文接着说，'此乃吾所以居子之上也。'现在相国自认为贤能不如田文，田文自认为贤能不如吴起，而魏侯却始终不任用吴起为魏相，为什么呢？并非魏侯糊涂，都是因为'主少国疑'的缘故。"

梦：田文担任魏国相国的时候，魏武侯刚即位，说因为"主少国疑"而不用吴起，还算是个理由。公叔痤担任魏国相国的时候，魏武侯都当国君好多年了，怎么还能说"主少国疑"？一定是公叔痤阿谀媚上，掩盖吴起才能，蒙蔽了魏武侯，魏武侯才选择公叔痤，而不用吴起担任魏国相国。

鞅：魏武侯根本不可能被蒙蔽。那段吴起提醒魏武侯"山河之固，在德不在险"，而魏武侯称"善"的描述很有名，我就不详细说了。魏武侯曾向吴起请教为君之道，询问国君继位后第一年称作"元年"的含义，吴起回答："元年就是国君必须要行事谨慎。"魏武侯再问："如何行事谨慎？"吴起接着进行了详细的解答。还有一次，魏国朝会遇到一个难题，群臣百官都束手无策，最后魏武侯想出了一个好办法。退朝时，魏武侯觉得自己无人能及，不禁露出得意的神情。吴起看到后，向魏武侯进言说："请问有人和魏侯您讲过楚庄王的故事吗？"魏武侯问："什么故事？"吴起说："楚庄王也曾经谋事得当，无人能及，但楚庄王退朝的时候面带忧色。有大臣问楚庄王为什么闷闷不乐。楚庄王说：'我听人说，当朝堂上的大臣才能可以当君主老师时，那么这个诸侯足以称王。当朝堂上的大臣才能可以当君主朋友时，那么这个诸侯足以称霸。当朝堂上的大臣的才能不如君主时，那么这个诸侯离灭亡不远了。'

同一件事，楚庄王担忧，而魏侯您却欢喜，这是为什么呢？"魏武侯顿时领悟，向吴起谢罪说："先生是上天派来指正我过失的啊。"你可以去看看《吴子》，大部分都是魏武侯和吴起的问答，魏武侯把吴起当作自己的老师来请教，怎么能说魏武侯会被蒙蔽呢？

梦：那魏武侯为什么不任用吴起为相国？

鞅：魏武侯的祖上是晋国的重臣，以军功起家，通过几代人的努力，抓住机遇，参与三家分晋，完成喧宾夺主。魏武侯不任用吴起为相，不是因为不了解他，而是因为太了解他了。吴起能力太强了，治军得军心，治理地方得民心，并且能征善战。无论战绩、政绩还是个人名望，吴起都十分突出，这就是魏国贵族和魏武侯所担心的，担心吴起掌握军政大权后，魏国会重蹈晋国覆辙。所以，吴起注定是不可能为魏相的。

梦：您的意思是吴起功高震主。

鞅：如果仅仅是功高震主还好办，关键吴起对他母亲发过誓："不当卿相，决不回卫。"即使他母亲去世，因为没有实现誓言，吴起宁愿担着不孝的骂名，也不回家乡奔丧。你可以想象，吴起追求卿相的心是多么迫切和坚决。可是吴起在魏国，因为他不是魏国贵族，就注定与相位无缘，实现不了自己的誓言。

梦：是不是吴起娶魏国公主或贵族之女为妻，就可以得到魏武侯和魏国贵族认可了？

鞅：不会，因为吴起之前有杀妻求将和贪财好色的恶名。

梦：那魏武侯为什么还要把公主许配给吴起？

鞅：那只是秦献公的计策。

梦：您一会儿说秦献公的计策是推荐吴起为魏相，一会儿又说秦献公的计策是把魏国公主许配给吴起，这两者有什么联系？

秦献公的计策究竟是什么？

鞅：秦献公的计策是开诚布公、乘势共赢。

梦：不懂，您能详细解释一下吗？

鞅：秦献公让公叔痤向魏武侯推荐吴起担任相国。魏武侯拒绝，公叔痤追问原因，魏武侯回答："不让吴起为相，并非吴起不具备这样的能力，而是因为魏国的形势不允许这么做，势不可为。"公叔痤再追问这"势不可为"的原因，魏武侯就向公叔痤剖析魏国庙小容不了吴起这尊大佛的实际情况。公叔痤跟着说出吴起谋求卿相的志向，建议"升之不可，留之为患，不如杀之"。魏武侯拒绝说："有功无赏反杀之，这损害魏法赏功罚过的信用，破坏魏国的根基，恐怕以后天下的贤臣英才都不会来魏国效力了。"公叔痤笑道："那怎么办呢？"魏武侯见公叔痤笑就明白怎么回事了，于是向公叔痤拜道："请相国教我。"公叔痤说："取势者为人先，谋势者有所成，用势者称霸主。当世周天子势微，诸侯纷纷雄起，魏国为天下中心，有称霸天下之势，国君岂能局限在国内之势？"魏武侯说："相国这是极力推荐吴起为魏相？以前有人对我说，吴起贪财好色，让我不要任用吴起为大将。公子成听说后，前来为吴起辩解，说我们魏国东面有齐国虎视眈眈，南面有楚国虎视眈眈，北面有赵国虎视眈眈，西面有秦国虎视眈眈，魏国处于四战之地，而齐楚赵秦四国屯兵坐视，不敢对我们魏国有所行动，都是因为我们魏国有吴起为将。公子成让我念及魏国社稷，唯吴起所愿好而予之，使吴起满足财色享受而安心为魏国做事。公子成最后说，任用吴起为魏军大将，损失的只是一小点的财宝，得到的却是很大的战力。任用吴起为大将，公子成说得没错，利大于弊。但是，任用吴起为魏相，得失孰大孰小？还请相国指教。"公叔痤点点头说："国君所虑甚是，魏国立国未稳，大臣未附，百姓未信，当此之时，吴起为相难以驾驭，即使国君现在能驾驭，太子能驾驭吗？众公子现在纷纷拉拢重臣，公子成为吴起辩解，也是谋求自己的势力。任用吴起为魏相，会引发魏国动荡，确实是弊大于利。"

梦：公叔痤这是以进为退啊，表面推荐吴起，实则暗含杀招，给吴起埋雷，有意去触碰魏武侯最敏感的那根弦。

鞅：当你以为最接近真相的时候，你就越可能与真相擦肩而过。魏武侯问："相国的意思是不顾一切杀了吴起？自毁栋梁，引四国围攻，亦非良策。"公叔痤答："善弈者谋势，不善弈者谋子。把魏国国运押在吴起一人身上是危险的。现在赵国赵武侯刚死，赵国群臣拥立赵烈侯之子赵章继位，我们魏国如果拥立赵武侯之子赵朝夺位，赵国以后必对我们魏国俯首听命。现在秦国秦惠公刚死，秦惠公的两岁孩童出子为秦君，出子的母亲任用外戚致使内政混乱，原来秦灵公之子公子连幼年流亡到魏国，现在在我府上当差，我们魏国如果帮助公子连回秦国夺位，秦国以后必对我们魏国俯首听命。现在齐国国君已形如傀儡，齐国相国田和早就想取而代之，奈何周天子始终不承认，我们魏国如果帮助田和代齐，让周天子承认田和为齐君，齐国以后必对我们魏国俯首听命。现在楚国贵族与国君分庭抗礼，楚君很想有一番作为，但能力又不足，我们魏国如果暗中安排能臣帮助楚国变法，执掌楚国相位，楚国以后必对我们魏国俯首听命。"魏武侯问："赵秦两国好办，齐楚两国如何实施？还请相国详细解释一下。"公叔痤答："齐楚两国计策实施的关键在吴起。吴起与士卒同甘共苦，为伤兵吸脓，担任河西郡守多年，战绩政绩显著，百姓信服，为什么天下都说吴起贪财好色？原因是之前齐鲁两国交战时，吴起担任鲁国大将，率鲁军大败齐军，齐军为了扭转败局，使用反间计，散播吴起有贪财好色的恶名，让号称礼仪之国的鲁国嫌弃吴起。吴起为人节廉而自喜名也，对齐国反间计耿耿于心。国君可以让吴起率军攻打齐国，则齐国必败。吴起能够还击齐国给他的侮辱，必定会感恩于魏国。吴起率军攻打齐国的由头就是齐国国君曾指使手下诬蔑吴起，等齐国战败了，田和代齐就有了名头，可以顺势而为。然后魏侯代田和上奏周天子，封田和为齐侯，田和必定会感恩于魏国。吴起率军攻打齐国，齐国战败后，我军不要追击，私下里安排田和与吴起见面，由田和送吴起到楚国，楚国国君得到吴起，必定拜吴起为卿相，在楚国变法图强。这样，吴起就能完成自己的誓言，得以告慰其母在天之灵。那么，吴起必定会感恩于魏国，楚国必定会对我们魏国俯首听命。"魏武侯拍手大笑道："相国妙计，如果真能这样，魏国称霸天下的大业就能成功了。"魏武侯转念一想，又问道："这个计策有个漏洞，吴起在我们魏国干得好好的，突然去楚国，楚国国君怎么能相信并重用吴起？"公叔痤回答："如果魏侯赞同这个计策，我有办法让楚国国君真心相信吴起。我将对吴起坦诚一切，让吴起明白，魏侯不会因他功高震主而杀他，但也不可能任用他为魏国卿相，但魏国愿意帮助他实现成为卿相的愿望。然后，我会和吴起一起分析他能实现愿望的国家，韩赵齐三国与我们魏国相似，可以重用他，但不能满足他成为卿相的愿望；秦国视他为仇敌，欲除之后快，不可能用他；鲁国洁身自好，轻信谗言，不可能用他；燕国守着老牌诸侯的旧梦，甘于暮气，不可能用他；其他诸侯国国小势微，都不可能用他；只有楚国国君思贤心切，会重用他，他去楚国必然能有大的作为。这样，吴起自然就真心想去楚国发展。当然，要让楚君相信，还需要一个吴起离开魏国的理由。那就是我贪图相位，设计陷害吴起，使吴起失去君上信任，吴起因此离魏赴楚。"魏武侯听完公叔痤的话，对他再拜道："士可杀不可辱，相国为魏国不惜自辱英名，真是上天眷顾我魏国，请再受我一拜。"公叔痤回拜道："魏侯过誉了，国强家才富，我这么做也是为自家着想。我和吴起演个双簧，吴起到我家赴宴，家妻以公主身份故意发怒而轻慢我，吴起愤而离席，然后君上假意将小公主许配给吴起，吴起辞而不受。吴起伐齐，胜而讲和，因此去楚，齐助之，楚君必信。"

梦：您这是强行为公叔痤洗白，听您这么说，我有两个疑问。第一个疑问：之前，您说您知道您的身后之事，这勉强说得通。可公叔痤和魏武侯两个人进行这次谈话的时候，您还没有出生，有关"一拜""再拜""拍手大笑"这些细节您是怎么知道的？第二个疑问：如果公叔痤真像您说的这么深明大义，那您在他府上担任中庶子，他"知其贤"，怎么可能"未及进"，还不是因为他贪恋相位，把您雪藏了，临死前才向魏惠王推荐您？

鞅：我先回答第二个问题。因为我是一名墨者，我有我的任务，我的角色是中庶子，那我就不能显露出超出这个角色以外的能力，正所谓大隐隐于朝，我把能力隐藏起来了，像武侠小说里那位扫地僧一样。

# 商鞅是怎么成为墨家巨子的?

梦：既然您自我隐藏起来了，公叔痤又是怎么知道您贤能呢？

鞅：因为世事变迁，我的角色变了，就可以像扫地僧一样传经授道。公叔痤被秦献公俘获后，需要有人去接他回魏国，相府无人敢去，我就主动请缨。返回途中，我问公叔痤为什么秦献公这样优待他。他就把秦献公回国前后的事情告诉我了，所以我知道公叔痤与魏武侯的谈话情景。公叔痤还告诉我，秦献公第一个妻子就是他介绍的魏国贵族之女，长子嬴虔就是秦献公和魏女在魏国所生。公叔痤对秦献公在秦国的变革赞叹不已，我则指出秦献公变革的不足之处并提出强国方略。公叔痤听我说完，惊叹不已地说："贤能的人处在世上，仿佛像锥子放置在锦囊之中，它的锥尖立刻就会透囊而出。现在先生到我的相府已经八年了，从没有听身边的人称赞过您的贤能，我也一直没有发现您的贤能。让您担任中庶子之职，实在是埋没了先生的贤能，过去先生不能脱颖而出，这都是我的过错。先生经天纬地之才，回到魏国之后，我必定向魏侯推荐先生为魏相。"我笑道："感谢相国美意，就恐怕魏侯看见锥子把锦囊戳破了，因为爱惜锦囊，就赶紧把锥子拔出来扔了。"现在你的两个疑问我都回答你了。对于你第一个问题，我想延伸一下,你有没有疑问,司马迁写《史记》,描写诸如只有范雎与嬴稷两人在密室里密谈的细节,他又是怎么得知的?

梦:我是很奇怪,您知道原因吗?

鞅:我不知道,恐怕只有司马迁才知道。

梦:您刚才说您角色变了,所以才和公叔痤谈论强国方略。可是公叔痤向魏惠王推荐您时说:"痤之中庶子公孙鞅,年虽少,有奇才,愿王举国而听之。"说明当时您还是中庶子啊,您怎么说自己的角色变了呢?

鞅:在公叔痤府上,我中庶子的角色没变,可是我在墨家角色变了,由普通墨者变为墨家巨子,因此担负的任务就变了,就可以向公叔痤展示我的才能了。

梦:您能谈一下,您在墨家的经历吗?

鞅:这要从墨家巨子孟胜说起。孟胜与楚国的阳城君是好友,阳城君外出时请孟胜守护其领地,并将一个玉器分成两半当作信符,两人各执一半,要"符合,听之"。楚悼王去世,楚国贵族射杀吴起,连带射中楚悼王的遗体。楚肃王继位后,要追杀作乱的贵族,阳城君作为参与者,闻知消息后就逃跑了。跑得了和尚跑不了庙,楚肃王要收回阳城君的封地。可没有见到阳城君的另一半"符令",孟胜决定死守阳城君属地与楚军对抗,准备以死殉道。有墨家弟子劝孟胜,认为事已至此,死守对阳城君无任何益处,还将令墨家损失惨重,会"绝墨者于世"。孟胜认为这次如果不死守,将来恐怕没人会信任墨者,并说他准备将巨子之位传给宋国的田襄子,不用担心墨者绝世。孟胜令两个墨者传巨子之位给田襄子。这二人转告田襄子后,田襄子以巨子身份命令二人留下,但二人不从,又折返楚国与孟胜共同赴死,孟胜及弟子赴死者有一百八十五人。

梦：为了大义赴汤蹈火、死不旋踵，墨者真是令人敬佩。

鞅：但缺少这二人帮助，田襄子这个巨子就不好干了。

梦：为什么？

鞅：这二人舍生取义，固然让人敬佩。但是二人以死抗命，没有尽到墨者的责任，着实可恶。孟胜让他俩协助田襄子重振墨家，结果二人一死，天下墨者与新任巨子田襄子就断了联系。不得已，田襄子就以墨家巨子的身份到各诸侯国宣扬孟胜的义举，借以恢复与各地墨者的联系。田襄子来到卫国时，受到卫声公的热情款待。卫声公请田襄子在宫中讲学，让我们这些卫国贵族子弟都来听讲。当田襄子讲完孟胜义举后，卫声公向田襄子请教："寡人封侯尽千里之地，赏赐尽御府缯帛而士不至，何也？"田襄子回答："君之赏赐，不可以功及也；君之诛罚，不可以理避也；犹举杖而呼狗，张弓而祝鸡矣；虽有香饵而不能致者，害之必也。"卫声公说："先生差矣，昔日孔子无功于卫，灵公待孔子礼重，迎于郊外，奉粟六万。及灵公老，不用孔子，孔子喟然叹曰，'苟有用我者，期月而已，三年有成。'鲁哀公问于孔子，'当今之时，君子谁贤？'孔子对曰，'卫灵公。'可见国君只要礼贤下士，士必至。士不至，应为国士罕有，难得一遇。"我当时七岁，刚看完孔子五入卫国的记录，听到声公这么说，想都没想站起来反驳道："君上差矣，灵公逝，孔子评其为无道之君。"卫声公大怒说："大胆，小子妄言。"接着转过头问我父亲："是兄长教鞅儿这么说的吗？这是说灵公无道，还是说我无道？兄长是否还为国君之位耿耿于怀？"我父亲淡淡地答道："众人皆知，我乃庶孽公子，怎么配得上国君之位。灵公是我的祖上，怎么会是无道之君？鞅儿无心之言，请君上莫怪。"卫声公冷冷道："三岁看大，七岁看老，这小子七岁就有忤逆之言，长大必有忤逆之行。"我父亲叹了口气，对我说："鞅儿，你既然赞同先生所说的，那就随先生去游学吧。"我父亲转过头对卫声公说："还请君上代为说情，请先生收鞅儿为弟子。"卫声公对田襄子笑道："让先生见笑了，这小子好刑名之学，虽然顽劣，也还是可造之才，还望先生收入门下，日夜追随先生左右，聆听先生教诲。如果以后鞅儿学有所成，正途得道，也不枉费我和他父亲这片苦心。"就这样，我跟随田襄子走进了墨家。

梦：您这么小就成为墨者啦？

鞅：墨家有小孩，但墨者不能是小孩。当时我只是跟随田襄子身边学习，等我长大，身高满六尺半的时候，田襄子才问我认不认同"兼爱天下"的理念，要不要成为一名墨者。我表明要加入墨家学派，这样才正式成为墨者。我十八岁那年，田襄子已经将各诸侯国跑了个遍，各地墨者在他到达各诸侯国时，都主动与田襄子联系上了。正当田襄子大功告成，准备从魏国返回宋国时，遇到了赵韩两国围攻魏国，我们被困在魏都出不去了。

梦：赵韩两国为什么围攻魏国？您能讲得具体点吗？

鞅：魏武侯死后，魏惠王与其弟公子缓争位，两人势均力敌，公叔痤支持魏惠王，大臣公孙顾支持公子缓。后来魏惠王得到更多大臣支持，见势不妙的公子缓于是逃到了赵国，公孙顾为了翻盘，和公子缓密谈，由公孙顾拜访宋赵韩三国国君说，"魏罃与公子缓争为太子，君亦闻之乎？今魏得王错，挟上党，固半国也。因而除之，破魏必矣，不可失也。"计划让宋国袭扰魏国，把公叔痤的大军骗出去，然后赵韩两国联军直袭魏国国都，杀了魏惠王，立公子缓为魏侯。事成之后，魏国割地给赵韩两国，宋国在此期

间攻占多少魏土，公子缓就送多少魏土给宋国。果然，宋国攻打
魏国，公叔痤率军去抵抗。接着，赵韩两国合军并兵进攻魏国，
战于浊泽，魏国大败，魏惠王被包围在魏都。

梦：墨家一向喜欢锄强扶弱，除暴安良，这不正好给了你们
墨家表现的机会吗？

鞅：爱表现，不是墨家所为。春秋战国，各诸侯连年纷战，墨
家怎么管得过来？不过，这事发生在眼皮底子，不掺和一下，也
确实说不过去。田襄子对我说："赵韩两国趁魏武侯刚死，新君刚立，
一起凌霸魏国，准备杀了魏国新君。天厌之。可惜墨家联系刚恢
复，还不能聚力，不然我们就帮助魏国新君守城，等到公叔痤率
大军回防，就能解决魏都被围之急。"我笑着对田襄子说："上兵伐
谋，先生可学烛之武退秦师，只需要对韩侯言明利害，使赵韩两
国联军内部产生分歧，即可解魏国之急。"田襄子拍拍我的肩膀连
说："后生可畏。"当天晚上，田襄子趁夜色溜出城外，拜见了韩懿
侯。韩懿侯笑道："先生为墨家巨子，在韩国传道时，没有机缘相
见，没想到在魏国见面了。墨家已故巨子孟胜的义举，我十分钦佩，
莫非先生现在成了魏国之臣，大半夜跑来说服我？"田襄子笑道：
"除暴阻贪，墨家之义。我并不是魏国新君派来的。天下能者居之，
若怀仁于民，诸侯争霸，墨家岂能相阻？"韩懿侯笑道："那这么
晚，难道先生就是为了到我这喝杯茶吗？"田襄子笑道："当然是
为墨家之义而来。杀了魏国新君，人必曰暴；割地而退，人必曰贪。
若是韩国冒着暴贪之名而能得到实际利益，那还能说得过去。若
是韩国冒着暴贪之名而不能得到实际利益，不就成了蠢蛋了吗？"
韩懿侯变色道："先生什么意思？"田襄子笑道："三家分晋，两家
合则一家弱。请问韩侯，现在公子缓居住在赵国，还是居住在韩

国？立公子缓为魏国国君，韩国是得利还是得害？还请韩侯明鉴。"韩懿侯正色道："先生终于露出说客的本色，先生是要我无功而返吗？"田襄子正色道："在下并非说客，也不是要阻止韩侯您建功立业，只是为了少一点儿杀戮，除暴阻贪而已。依我看，不如把魏国分成两半。魏国分成两半后，它的疆土就像宋卫两国一样大，那么以后就不会有魏国的威胁了。韩国保全现在魏国新君的性命，他必然亲近韩国，如果以后赵国联合公子缓进攻韩国，必定会遭到现在魏国新君的全力抵抗。韩国保全现在魏国新君的性命，魏都就会投降，韩国和赵国的联军也就没有了进攻魏都所导致的伤亡。这样，韩国能获得很大的实际利益，而且保全了魏国新君和无辜百姓，乃至联军将士的性命，这也是我们墨家追求的大义。如果韩赵联军强攻魏都，杀了魏国新君而另立公子缓为魏国国君，韩国得不到丝毫实际利益，而且有可能成为赵魏联军下一步围攻的目标。这样，韩国失去大义大利而获大患。请韩侯明鉴。"

梦：田襄子的话听起来，没有什么微言大义和警言妙语，这能管用吗？

鞅：你不是韩懿侯，当然不理解这层利害关系。第二天，韩懿侯找到赵成侯，问攻破魏都之后，如何处置魏君及魏国。赵成侯说："除魏君，立公子缓，割地而退，我且利。"韩懿侯说："不可。杀魏君，人必曰暴；割地而退，人必曰贪。不如两分之。魏分为两，不疆于宋、卫，则我终无魏之患矣。"赵成侯很生气，发兵之前，公孙颀和两国都说好了，杀魏君、割魏地，赵韩合军也是以这个为目标为基础的，怎么能临门一脚，又变卦呢。赵成侯不愿听从韩懿侯的意见，坚持按当初制订的计划来，就是要杀魏君、割魏地。韩懿侯见赵成侯坚持，就不高兴地离开了。韩懿侯回到自己的军营后，突然下令全军退兵，在当晚夜色的掩护下，韩军悄悄地退出了战场。等到天亮后，赵成侯发现韩军撤离了，而探子回报，公叔痤正带大军赶往魏都。看看眼前的魏都，一时还难攻破，赵成侯在权衡利弊之后，也只好从魏国退兵了。

梦：那魏惠王一定很感激田襄子和墨家了。

鞅：魏惠王压根就不知道这件事，哪里来的感激？墨家做了很多类似这样的事而不被人知。墨家的力量来自信仰，而非宣扬，做自己相信的事，并不需要别人的感恩。田襄子宣扬孟胜，也是因为各地墨者联系中断，不得已而为之。魏都解围之后，田襄子对我说："鞅有大才，可独当一面，今后不必随我回宋国了，就留在魏国，以观天下之变。"

梦：您这算是出师了。那您留在魏国干什么呢？

鞅：你猜猜看。

梦：到公叔痤那去干中庶子。

鞅：你猜对了。我以卫国流亡公子的身份到相府担任中庶子。中庶子就是在相府整理文书归档的活，这个职位有很多好处：既能接触到魏国上层，也能混迹于市井；既能博览群书，又能探听魏国秘事；既能时时了解公叔痤，却不会让他过多关注我。

梦：你在相府这么长时间，就没人看破您的才华？

鞅：如果说有，那就只有公子卬。不过那时他与我年纪相仿，一起喝酒吃肉，谈天说地，别人都以为我们是年少轻狂。当然，我在相府最大的任务，是给墨家传递消息。这方面，还没有人看破过。

梦：传递什么消息？

鞅：传递魏国的大事要事。因为墨家在秦国帮助秦献公变革，尤其要传递对秦国有用的信息，比如魏国对秦国什么时候开战、兵力如何、将领习性、计划如何等等。

梦：照您这么说，秦献公率秦军打败魏军都是您的功劳？

鞅：不能这么说，只能说是墨家帮助秦献公打败了魏军。

梦：应该是秦献公贤明，在秦国变革有成，秦国国力增强，才得以战胜魏国的吧？您有点夺他人之功了。

鞅：秦国变革也离不开墨家帮助。我没有说秦献公不贤明，也没有否认秦国国力的增强。正所谓，知己知彼百战百胜。不仅你们这个时代信息很重要，我们那个时候信息也很重要。你说我夺他人之功，那我就得为自己表表功了。如果仅凭君主贤明和国力提升，那秦献公战胜魏国最好的时机是魏武侯死后，宋赵韩三国联手围攻魏国的时候。然而秦国当时没有任何动作，为什么呢？因为秦国没有掌握魏国的情况。秦献公十四年，秦国攻打赵国，战于高安，秦国失败了，为什么呢？因为秦国国力、军力都不如赵国。秦献公十九年，魏国已是战国霸主，韩魏两国威胁周天子，而秦国大军出境，在洛阳大败韩魏两国联军。为什么秦国在边境打不过赵国，短短五年之后，就敢越境在洛阳攻打韩魏两国联军？而且还打胜了。因为有我提供的信息帮助。秦献公二十三年，秦军在少梁大败魏军，俘虏公叔痤，而公叔痤刚刚大胜韩赵两国联军，出征前信心满满。公叔痤能大胜韩赵两国联军，为什么反被秦献公俘虏？因为通过墨家，秦献公已经掌握了魏国的作战计划。就在秦国少梁大捷的第二年，秦献公和公叔痤双双离世，魏国庞涓纠集魏国败军再次攻打秦国，秦国大败，全面向栎阳收缩，秦孝公因此发布《求贤令》。为什么秦军由大胜变为打败？当然有庞涓将才出众的原因，但更重要的原因是公叔痤一死，我得不到魏军讯息，秦国也就掌握不了魏军的信息，知己而不知彼，所以打了败仗。

梦：照您这么说，国家实力还不如信息重要？

鞅：当然是实力更重要，其实获取信息的能力也是一种实力。就像你玩的对战游戏，高手对战，胜负在于微操。双方实力差距很小，你还在黑暗中探索，对面已经全图开挂，你怎么能获胜？如果实力悬殊，你都神装了，对面还是出门装，开图没有丝毫影响。就比如，魏国对宋韩赵三国的报复。魏惠王二年，魏国对韩赵两国进行报复，败韩国于马陵，败赵国于怀。魏惠王六年，魏国对宋国进行报复，伐取宋国仪台。魏国攻打宋国之前，我将相关信息传给了田襄子，田襄子带领弟子帮助宋国守卫仪台，因为实力悬殊，结果仍被魏军破城，墨者也因此死伤大半。田襄子在守城时，中箭坠城昏迷，幸亏得到其他墨者拼死突围，才捡回一条命。

梦：于是，田襄子就把巨子之位传给您了？

鞅：没那么快。宋国被魏国攻打后，又过了两年，宋休公死了，他的儿子宋辟公继位。宋休公在位的时候，采取屈从韩国，迁徙都城，休养生息的政策，宋国经济文化得到较大发展，宋国小日子过得还不错。可是这个宋辟公就不一样了，奢侈荒唐，大建宫阙，不关心民生。田襄子去劝导宋辟公，反被宋辟公奚落了一顿。连气带病，田襄子没多久就死了，临死前令两名墨者尸佼和腹纯，传巨子之位给我，希望我能振兴墨家。可惜，因为理念不同，齐国的墨者另成一派，除非涉及墨家存亡根本，平时拒绝我的调遣。

梦：另成一派也可以？这不是造反吗？

鞅：当然可以，君子和而不同，争于内而合于外，有创新才有活力，怎么能说是造反？早在墨子死后，墨家就发生了分化，有相里氏之墨，注重科技研究，低调务实，以农耕为本，赞成以战止战，推行兼爱天下；有邓陵氏之墨，注重行侠仗义，特立独行，以扶弱为本，赞成以暴制暴，推行兼爱天下；有相夫氏之墨，注重宣扬墨学，聚众辩论，以学术为本，赞成非攻原则，推行兼爱天下。

梦：那您是哪一派呢？

鞅：我是墨家巨子，哪一派都不是。其实这三派只是侧重点不一样而已，目标都是一致的，除了齐墨，其他各地墨者都服从我的调遣。

梦：既然您是墨家巨子，以兼爱天下为目标，那您的至交好友公子印，用全家性命保荐您为魏相，如果您担任了，应该可以更好地推行墨家理念吧？

鞅：魏惠王不会让我担任魏相。魏国虽然是新兴国家，但国人心态已经暮气。经历过李悝和吴起的改革，魏国成了天下经济文化中心，魏武卒更是天下闻名。之后，魏国始终以天下霸主自居，魏人始终以大魏自喜，朝野上下只想要更好地享受，而不是更好地奋斗。真要在魏国实施动及根本利益的变法，魏惠王会是第一个阻止的。魏惠王好大喜功，表面喜欢仁义学说，实际上挂念声色犬马，他不会施行我的治国理念。一句话，魏国没有变法的土壤和动力。

梦：于是，您就拒绝公子印了？

鞅：不是拒绝，是解释说明。我对公子印说："多谢公子美意，之前我作为秦国左庶长去拜见魏王说，'大王之功大矣，令行于天下矣。今大王之所从十二诸侯，非宋、卫也，则邹、鲁、陈、蔡，此固大王之所以鞭棰使也，不足以王天下。大王不若北取燕，东伐齐，则赵必从矣；西取秦，南伐楚，则韩必从矣。大王有伐齐、楚心，而从天下之志，则王业见矣。大王不如先行王服，然后图齐、楚。'魏王心悦，连连对我说，'寡人恨不用公叔痤之言也'，然终未任我为魏相。"公子印说："那时，大良造代表秦国出使，那是魏王的场面话，怎么能当真呢？"我说："昔日淳于髡有奇才，有客荐于魏王，魏王屏左右，独坐而再见之，淳于终无言也。惠王怪之，问客：'子之称淳于先生，管、晏不及，及见寡人，寡人未有得也。岂寡人不足为言邪？何故哉？'客问淳于髡，淳于髡答，'固也。吾前见王，王志在驱逐；后复见王，王志在音声；吾是以默然。'客转报魏王，魏王大惊说：'嗟乎，淳于先生诚圣人也！前淳于先生之来，人有献善马者，寡人未及视，会先生至。后先生之来，人有献讴者，未及试，亦会先生来。寡人虽屏人，然私心在彼，有之。'后来又与淳于髡见面，连续谈了三天，魏王说要任淳于髡为魏相，结果礼遇有加，就是不用。"公子印说："那是因为淳于髡本来就不打算留在魏国。"我说："淳于髡的心意我不知道，不好再辩。那就看看我推荐的丹圭，任魏相时，行'人弃我取，人取我与'之法，丰年包收谷粮，防止谷贱伤农，荒年开仓低售，防止囤积伤农，利国又利民。可魏国权贵富豪无法借机囤积居奇，垄断市场，牟取暴利，就向魏王谗言，说丹圭与孟子交谈时自称'丹之治水也，愈于禹'，与圣王相比，其心可诛。魏王听信后，趁着'乘夏车，称夏王，朝为天子'之时，赐姓丹圭为'白'，类比魏文侯时候的大臣白圭，把丹圭比作魏国的夜明珠，明褒实贬，白圭因此愤而离去。"公子印解释说："之后魏王也警醒了，任惠施为相，制定新法，进行改革，限制巨室和大族。"我说："宪令行之，功必赏，罪必诛。法慢，妄予，则国削。今魏王有过不罪，无功行赏，虽亡不亦可乎？"

梦：公子卬怎么说？

鞅：公子卬默然良久。我接着说："公子知其不能而为之，赤忱之心可见，然不亦愚乎？不若归入秦国，共襄盛举。"公子卬答："丈夫处世，遇知己之主，外托君臣之义，内结骨肉之恩，言行计从，祸福共之，假使管晏更生，孔墨复出，犹抚其背而折其辞，岂大良造所能移乎？"我笑道："公子陷小义而失大义，想当初，你我在魏国酒肆畅饮，指点江山，激扬文字，出门时遇饥寒困苦之人在屋檐下避雨，公子将身上蓑笠送他，公子还记得吗？"公子卬点头道："记得，我还将囊中钱全给他了。"我笑道："足见公子仁义，然而公子倾囊相助后，立即又有三人抱住公子腿，请求施舍，公子窘，不能行。"公子卬笑道："多亏大良造解囊相助，撒钱于地，我趁他们捡钱之际，落荒而逃。"我笑道："公子事后感慨，何时能够天下无饥、天下无贼、天下大同？"公子卬笑道："我记得大良造也跟着感慨，当场背诵了一篇有关大同的文章。"我笑道："公子还记得？"公子卬点点头说："大道之行也，天下为公，选贤与能，讲信修睦。故人不独亲其亲，不独子其子，使老有所终，壮有所用，幼有所长，矜、寡、孤、独、废疾者皆有所养，男有分，女有归。货恶其弃于地也，不必藏于己；力恶其不出于身也，不必为己。是故谋闭而不兴，盗窃乱贼而不作，故外户而不闭，是谓大同。"我随即向公子卬介绍秦国变法情况，当听闻秦国变法行之十年，秦民大说，道不拾遗，山无盗贼，家给人足，民勇于公战，怯于私斗，乡邑大治以及孝公为了变法长效要传位于我时，公子卬表示钦佩。我正色道："公子当初言行，我也很钦佩。现在为何图一己之名，贪一己之义，置秦魏两军将士性命于不顾？置秦魏两国百姓幸福于不顾？置天下苍生希望于不顾？公子的初心是为了大同，还是为了自利？"公子卬缓缓道："我若降秦，三族皆亡，我实在是没有办法。"我摇头道："公子说得不对，公子不是降秦，是去共建大同社会。秦国变法根基还不牢靠，需要众多仁人志士去助力。至于公子一家老小，我自有办法保全。"

梦：您有什么办法？

鞅：我对公子卬说："魏王好仁义之说。公子仁义为本，不忍两军相残，与我会盟，被我伏甲士而袭虏，公子何辜？鞅背信弃义、欺故友、破魏军，那么魏王不会加怒于公子家人。待局势稳定，再将公子家人接至秦国。"公子卬感慨道："士人皆重名，私名也。大良造重利，众利也。大良造不图大破敌军的美名，却愿意担负违反信义的恶名，卬钦佩之至。但是信义为做人的根本，大良造如果真这么做，那么千秋万代都会说大良造是背信弃义的小人，青史留恶名，值吗？"我答道："值！能以一己之名换故友一家老小安危，有什么不值。想当初，公叔痤为了成全吴起的卿相誓言，把自己说成贪图权位的卑鄙小人。我为了老朋友身家性命，这点恶名算得了什么呢？不过，如果真这么做，那么千秋万代都会说公子卬是个愚蠢的酒囊饭袋，青史留恶名，公子认为值吗？"公子卬哈哈一笑道："值！卬行大道，问心无愧！只是我之前察看过了，大良造并未伏甲士，如何袭虏我？"我也哈哈一笑道："盟成，公子悦，畅饮，醉，鞅持刃挟公子出。"公子卬举杯道："会盟已，敬大同，来，干！"

梦：然后呢？

鞅：然后你都知道啊，《史记》上写了，"魏公子卬以为然。会盟已，饮，而卫鞅伏甲士而袭虏魏公子卬，因攻其军，尽破以归秦。"魏惠王愤愤地说："寡人恨不用公叔痤之言也。"

梦：我还是不敢相信您说的，这简直颠覆我的认知。

鞅：为什么不敢？是怕别人怀疑你的智商吗？我说的情况，没有违反历史常识和你们现有史书记载，没有让你拿着电磁火箭筒穿越去秦朝轰炸嬴政车队。为什么不敢相信？

梦：好吧，出于对您的尊敬，我相信您说的。

鞅：虽然你说得很勉强，但我不会勉强你去相信。赵氏孤儿的故事听说过吗？

梦：听说过，我尤其佩服程婴与公孙杵臼，为维护正义，舍己为人，感人肺腑。

鞅：一生一死，皆为大义，但是以死求义易，以生求义难。程婴假意自首，为求千金告公孙杵臼和婴儿所在，公孙杵臼见了程婴，假意大骂程婴是无耻小人。如果之后没能向赵氏孤儿揭开真相，程婴岂不是要承担千秋万代的骂名？如果这样，你还敢佩服程婴吗？

梦：如果真如您所说，那您可够委屈的。魏国上上下下对这事耿耿于怀，您后来要去魏国，魏人"怨其欺公子卬而破魏师，弗受"。您要借魏国去其他国，魏人说："商君，秦之贼。秦彊而贼入魏，弗归，不可。"

鞅：相对于两千多年来的骂声，这算什么呢？

梦：哦，您更看中历史长河里的价值和评论。

鞅：再被骂五千年我也不在乎，问心无愧就好，从始至终我都没觉得委屈。一方面，追求梦想的过程是曲折的，有人会不解，有人会污蔑，还有人会阻挠打击，但奋斗本身是一种幸福，与人斗其乐无穷，没什么值得委屈。另一方面，不论动机是什么，都要为自己的行为负责。法断于行而非断于心，道德评判也是这样，我为了公子印全家性命和减少战争的杀戮，决定担起背信弃义的骂名，就要承担这个后果。做一个感动自己的人，又有什么好委屈的？

梦：可是您以信立身、以信立国，您选择背信弃义，当然名义上是这样的，大家也都是这么认为的。这样，对您的威信有损害吧？您又怎么能以信立国，以法治国呢？

鞅：信，法之基。契约的价值，在于契约的内容能够得到落实，而非契约的本身。

梦：您说得有点绕，我听不懂。

鞅：信，在于"公平、公正、公开"。法律就像大家一起签的合同，签完之后并不意味着，所有人都不会违反，或者看起来德高望重的人不会违反，而是不论谁违反，都会受到相应的惩罚。

梦：可大家都以为您背信弃义，您作为秦国大良造，怎么好再说是以信立国、以法治国？

鞅：我担负背信弃义的名声，我受到了道德的批判，我的行为已经得到了惩罚。我担负背信弃义的名声，这个行为是与魏国公子印有关，而与秦国内部无关，我并没有违反秦国的法律，怎么会影响我以信立国，以法治国呢？我担负背信弃义的名声，这个行为发生在境外，用国内法来判断国际行为，这没有道理。同样，国际的行为也不会影响我在国内以信立国，以法治国。

# 魏惠王对商鞅有多恨？

梦：我好像有点明白了，比如魏人拒绝您入魏境就是对您行为的惩罚。

鞅：春秋战国，士人都看重名声，我担负背信弃义的名声，受到的鄙视和不屑，就是一种惩罚。至于魏人拒绝我入境也算是惩罚，我只能呵呵了。

梦：呵呵是什么意思？

鞅：呵呵就是边境关卡的官吏怎么会擅自处理两国大事？

梦：您的意思是？

鞅：还记得一开始，我和你说过，为了应对公子虔的挑拨离间，我准备去魏国吗？

梦：记得，您一人一马野游，快哉快哉，不想引诱秦人违法，就准备去魏国。

鞅：我到了魏境，向魏国守将表明了身份，对他说："快去报告魏王，商君弃秦投魏来了。"守将不敢怠慢，把我安顿在驿站，同时快马加鞭将情况上报给魏惠王。魏惠王听到消息后，勃然大怒，连拍案几说："这个中庶子欺人太甚，我恨自己当初没有听老公叔的话。那时杀了他，哪有现在的麻烦。"魏国大臣面面相觑，

175

有一人问道:"我王圣明,现在商君投奔我魏国,迷途知返,我王任用商君,如虎添翼,必能重振我大魏雄风。"魏惠王冷冷道:"幼稚,这中庶子就是来羞辱我的,如果他真要弃秦,为什么不去楚国?如果他真要投我,怎会没有预告,一人突然前来?以商君的名望势力和能力,自立为秦王都易如反掌,何必弃秦投魏?他兼任了楚相,就霸占了商于之地。要是担任魏相,我们要付出什么?我气愤的是,他去楚国谋求楚相之位,尚以国礼出使。现在一人独自来我魏国,岂不是说我大魏还差楚国蛮夷一大截?我作为魏王不要面子啊?"另外一名大臣说:"我王息怒,如果秦国国内有什么变化,商君来不及应变,单身来投奔我魏国,也是有可能的。"魏惠王说:"即使他真心来投,真在魏国变法,那以后我也要按照他的新法而行,更何况你们在座的?我也不独断专行,如果你们支持我接纳卫鞅,站起来我瞧瞧。"

梦:有多少人站出来支持?

鞅:没有,连原本站出来进言的人,看看周围坐着的同僚,又坐回去了。

梦:难道就没有明白人?

鞅:在共同利益面前,有明白的人,也会从众。魏惠王见没有人站起来,于是说:"既然大家是这样的态度,我就从善如流了。"有人站出来说:"商君屡败我军,夺我西鄙,甚至抛弃士子良知,背信弃义,欺骗公子卬而摧毁我大魏仅存的魏武卒,着实可恶。我王如不用之,不如杀之。商君在秦国的作用,就像吴起在楚国的作用。如果商君死了,秦法必败,秦国必弱。现在商君一个人来我魏国,杀之易如反掌。这样做,既可以解我王怒气,又可弱秦,以绝后患,请我王不要再错失良机了。"

梦：魏惠王已经后悔当初没杀您，这次您可危险了啊。

鞅：魏惠王听完冷笑道："蠢材，这个中庶子说得明明白白，是来弃秦投魏，我不接纳反而把他杀了，天下人都会说我是为了泄私愤而忘大义，这将置我于何地？现在秦国境内，妇人小儿皆言商君之法，他在秦国的地位就像周公在周朝的地位，杀他之日，即是我魏国亡国之日。"那个臣子又建议："不如让商君来面见我王，观其说辞，相机而行。"魏惠王摆摆手道："这个中庶子诡辩善言，要是真见了面，恐怕被他卖了还得帮他数钱。"

梦：那魏惠王想怎么样？

鞅：魏惠王看见群臣都没什么好对策，就接着说："对付这个中庶子，最好的方法就是避而不见。让守将回绝他，就说我们'怨其欺公子卬而破魏师，弗受'。"魏境守将得到命令，向我转达，我笑着说："既然魏王不愿见我，我就从这到其他国家，总可以吧。"魏将挠头道："末将不能做主。"我说："你做不了主，那就报魏王定夺。"他应诺，我继续在驿站独等消息。

梦：您独自一人不觉得孤独吗？

鞅：我从来没有觉得一个人孤独。追逐梦想，做有意义的事，怎么会孤独？把有意义的事做得有意思，更不会孤独。有时候一个人，觉得充实得不得了，反倒是在魏国相府时，一大堆人的聚会，常觉得孤独得不行，烦得不得了。

梦：魏惠王不愿见您，也不会允许您经魏国去他处。

鞅：你说得对，魏惠王接到我过境魏国的要求，又召集群臣商议，认为"商君，秦之贼。秦彊而贼入魏，弗归，不可"，拒绝我过境。有人建议把我抓起来，送给嬴驷发落，借以向嬴驷示好。被魏惠王臭骂一顿说："这个中庶子狡黠，如果这么干，秦国反说我们非礼商君，我们要赔偿多少土地？"这时，魏国德丰渡口的守军来报，说："商君属下要送商君母亲进入我魏国。"魏惠王对群臣说："看到没，都是套路，三十六计，走为上计。不论是商君，还是他妈，还是他属下，一律不准入境。避而不见，惹不起我还躲不起吗。"

梦：您安排您母亲去魏国有什么深意吗？

鞅：我没有安排，是公子虔安排的。

梦：啊？

鞅：当时我在驿站等消息，得知魏惠王让守将拒绝我过魏境，礼送我回秦境，我仰天大笑。魏国，曾经的中原霸主，秦国的宿敌，现在我孤身前来，魏惠王那么恨我，不敢用我也就算了，连见我、抓我都不敢，只能避我，可见，秦国确实强大了。我离开边境，返回商地途中，看见司马错、尸佼、腹纯等人率一队人马奔来。见到我，司马错率先跳下来说："商君，事情紧急，令堂被公子虔设计掳走了。"

梦：我明白了，公子虔派人冒充您的部属，把您母亲送到魏国，这样，说您投魏或是谋反，您也不能说他诬陷了。

鞅：他没有冒充，他收买了一名墨家弟子，也是我的属下，把我母亲和琇陌、魏冉骗走了。

梦：啊，墨家还有这样的弟子？

鞅：为什么不能有？

梦：我觉得墨者都是赴汤蹈火死不旋踵的勇士，墨者都能被收买，看来墨家也不过如此。

鞅：真正的墨者是勇士，但并不代表进了墨家的人，都能成为真正的墨者。即使当时是勇士，也不代表永远是勇士。任何一个组织有不肖的子弟都是正常。同样是中国人，有人爱国，有人数典忘祖，更有人残害自己的同胞。当组织里出现或潜伏了叛徒，应该怨恨的对象是这个叛徒，而不应该是组织的本身。墨家之所以是墨家，并不是墨家不出叛徒，而是墨家对墨者违法行为的容忍度要严于普通人。腹䵍接任我为墨家巨子后，他的儿子失手杀人，嬴驷用秦法赋予国君的权力，赦免了他儿子的罪行，腹䵍仍然依墨家之法，让他的儿子偿命。

梦：那个墨家的叛徒，是怎么把您母亲骗走的？

鞅：我被封为商君，我父亲听闻后欣慰离世，剩下我母亲独自一人在卫国。我就安排这名弟子去把我母亲从卫国接到商地。因为我母亲早年受伤，心智如同小孩，我就安排琇陌和魏冉照顾她。公子虔等人挑拨离间我和嬴驷关系没有成功后，时刻关注我的行踪。当得知我去魏国，就威逼利诱这名弟子听从公子虔的安排，骗我母亲和琇陌、魏冉说，我回卫国故里了，让他接她们随后去卫国住一段时间。我母亲她们都不知道回卫国怎么走，而我的故乡卫国和三家分晋的魏国，读起来声音是一样的，一路上，走的路虽然是去敌国而非故国，但谁也没怀疑过。

梦：那您怎么没有遇到他们呢？

鞅：因为从秦国到魏国的道路有好几条，我走的是南边的路线，为了避免与我相遇，他们走的是北边的路线。

梦：我知道了，您母亲走的德丰渡口。

鞅：是的。德丰渡口的魏军得到魏惠王命令后，拒绝我母亲一行入境，那名弟子怕自己没有按公子虔的要求办，他的一家老小会遭遇横祸，就强渡黄河。对面的魏军看到了，在对岸喊话："我大魏王有令，商君，秦之贼，他的家人及部属都不得入魏境，你们赶快返回，要不然我们就放箭了。"琇陌听到喊话，发觉不对劲，就质问这个弟子。这个弟子恼羞成怒，向全船人说魏国守军不敢放箭，威逼船工继续渡河。我母亲见琇陌和那个弟子争吵，吓得惊慌无措。琇陌告诉我母亲，这个弟子是坏人，要骗我母亲去敌国，借以陷害我。我母亲听完后，冲上前去拍打这个弟子。这个弟子一失手，就把我母亲推进了黄河。

梦：啊？那赶紧去救啊。

鞅：黄河水急，掉下去就没影了，哪来得及救？那一瞬间，全船人都呆了，琇陌第一个反应过来。琇陌年幼很少感受到家的温暖，和我母亲在一起，虽说是照顾，但更多是像一家人一样其乐融融。她冲上去责打这个弟子，这个弟子任由她拳打脚踢。过了一会儿，这个弟子吩咐船工返回秦国，然后把剩下的人带到公子虔指定接头的地方。

梦：在哪里接头呢？

鞅：在郑地。这个弟子向公子虔说明情况后，哀求公子虔放了他一家老小，公子虔冷冷道："你应该知道，任务没完成，是没有资格要报酬的。现在商君应该已经知道你掳走他母亲的事，如果你愿意说是商君安排你带他母亲叛离秦国，我不仅放了你家人，还给你一大笔安家费。"这个弟子说："我已经害死了商君母亲，绝不会再受你摆布陷害商君，你要杀便杀。"公子虔笑道："好！我就喜欢你这样重情义的人，我敬你是个勇士，给你一个自我救赎的机会。你回咸阳去，先拿我的手令去我府上接你家人，确定他们都安好后，去面见君上，把我让你做的事，一股脑儿告诉君上。还要告诉君上，商君正带人北上，我公子虔在黾池设下埋伏。"这个弟子问："你为什么要告诉我这些，你到底是什么图谋？"公子虔说，"你背叛商君，害死他的母亲，君上知道肯定会严惩你，你的家人也会受牵连。你不去说明真相，就等于帮我谋害商君。我倒是想看看，没有人威逼你，你会如何选择。"

梦：那他是怎么选择的?

鞅：他选择了向嬴驷坦白了一切，然后头撞宫柱自尽。

梦：他这样做，公子虔企图埋伏您的奸计就不会得逞了。

鞅：公子虔设计的是连环计。他得知我去魏国并滞留在驿站，而魏惠王不愿见我时，就安排人挟持我母亲从北面去魏国。推测我得知消息后，肯定去追，他们就在渡口设伏，准备趁我乘船渡河时把我擒住，然后让人告诉嬴驷。嬴驷得知必然派兵来救，而公子虔他们借这个机会，会想方设法让他们长期隐藏的心腹大将苏胡领兵。一旦大军听令北上，公子虔就能掌握一支军队，而我则成为他手中出兵逼宫的理由。然后，公子虔为首的老贵族，就能恢复变法前的利益格局，实现秦国老贵族的复辟。

梦：原来公子虔挖了这么大的一个坑。

鞅：得知我母亲没有按计划被送到魏国后，公子虔把设伏地点改在郑地黾池，让那个弟子禀报嬴驷，嬴驷更容易相信。所以说，公子虔的计谋还是按他的想法展开了。

梦：那您还是中了公子虔的奸计，被他俘虏了?

鞅：没有，他被我俘虏了。

梦：您是怎么反客为主的?

鞅：公子虔临时改变埋伏地点，部署上很难周全。虽然公子虔以逸待劳埋伏我，我这边人少，又长途奔袭，但司马错带来的商邑十八骑都是以一当十的猛士，所持连弩等先进装备，加上尸佼、腹纯用墨家追踪术提前找到了公子虔的具体位置，我们冲入埋伏圈，直接就捕获了公子虔。

梦：那公子虔手下不和您拼命吗？

鞅：擒贼先擒王，控制住了公子虔，就控制住了整个局面。

梦：杀母之仇不共戴天，您赶快一刀把公子虔杀了。

鞅：捕获公子虔之后，琇陌扑过来哭诉我母亲遇难的经过。我听闻母亲逝去的消息，一个恍惚差点摔倒。公子虔在旁边冷笑道："大家都说商君是铁石心肠，薄情寡义，没想到轮到自己头上也知道伤心。"琇陌一巴掌甩在公子虔脸上，怒道："你就是杀害奶奶的罪魁祸首，我要杀了你。"公子虔说："你知道商君手上有多少条人命吗？光是渭水河畔，一下子杀了七百人，渭水尽赤。"我说："绝大部分都是当初灭门惨案的杀人凶手，依法当杀。"公子虔接着说："还有一小部分呢？有的官员不小心把法律解释错了，别人犯法，他要偿命，这合理吗？奴隶私下杀死自己的孩子不用偿命，富人私下杀死自己的继子就要偿命，这合理吗？"我回道："按律判定，依法当杀。"

梦：您这个法是不是太苛刻了？

鞅：这个问题我之前和你探讨过，对违法行为不仅要看行为，还要看影响。

梦：公子虔看起来很不服气。

鞅：是的，尤其是对他自己的惩处耿耿于怀。公子虔接着说："公孙贾有错，可刑不上大夫是古礼，你在他脸上刻字，从而引发贵族反噬，灭门惨案你才是罪源，你又受到什么惩罚？"我回道，"那只是老贵族阻碍变法的手段，没有公孙贾做引子，也会因其他事爆发。"公子虔说："那我呢，我为了当场调解你和公孙贾的矛盾，去和稀泥，被你当面斥责。作为国君的亲哥哥，谁敢对我这么无礼？后来为了秦国大业，我忍了，还是在维护你。公孙壮率军攻打韩国，攻打焦城时，没有攻克，你不追究他的责任，却拿我来当替罪羊，在千军万马注视之下，斥责我，割掉了我的鼻子。"我对公子虔说："临阵怯战，不能拼死进攻，按律当劓。"公子虔怒道："当时我拉肚子了，你不论原因，还有没有天理？"我说："论罪的依据在于行为是否违法，战场上你没有照顾好你自己，那是你的原因，作为将领没有率众及时攻城，导致合围不成，按律当劓。"公子虔说："商君，你太冷血了，纵是我罪有应得，你一点儿怜悯心都没有吗？"我说："你凭什么说我没有怜悯心？"公子虔说："孔子担任卫相，他的弟子子皋担任狱吏，子皋依法砍掉一个犯人的脚，被砍脚的人被发配看守城门。后来有人诬告孔子谋反，孔子和他的弟子们都逃跑了。子皋跑到城门，断足守门人引导他逃到门边屋子里，官吏没有捕到他。子皋问断足守门人为什么以德报怨，断足守门人说自己被砍掉脚，是罪有应得，但是子皋定罪时，脸上表露的全是不忍和怜悯，断足守门人内心非常感动。而商君你呢，判罚、施刑时都是一张冷脸，看不出任何情感，就是现在你也没有安慰过我，连一句'维护秦法身不由己'的客套话都不说，一直强调什么按律依法。没有德教，怎能让人心服？你还把礼、乐、诗、书、善、修、孝、悌、廉、辩比作治国的虱虫。天下哪有你这样的？"

梦：我觉得公子虔这几句还是有道理的，人都是讲感情的，做人要讲道德，没有德行怎么能治理好国家？

鞅：有这么一个故事，暴风雨后，海边沙滩上有成千上万条的小鱼被困在一个个浅水洼里，回不了大海，一个小男孩不停将每一个水洼里的小鱼，弯腰捡起，并且用力把小鱼扔回大海。一个男人走过去对小男孩说:"孩子,这里成千上万条小鱼,你救不过来的。"小男孩回答说:"我知道。"男人说:"那你为什么还在扔?谁在乎呢?"

"这条小鱼在乎!"男孩儿一边回答,一边拾起一条鱼扔进大海。"这条也在乎!还有这一条……"你说,这个小男孩有没有道德?

梦:当然有啊,大家都应该向这个小男孩学习。

鞅:男人于是和小男孩一起把鱼扔向大海。小男孩扔累了,准备回家。男人说:"那条小鱼在乎,还有那条,你不把它扔到海里,它就会因你不伸出援手而死,你就是罪人。"然后,小男孩只好接着扔,直到累倒在沙滩上。你说,这个男人有没有道德?

梦:道德绑架,当然没有道德。

鞅:如果这个男人是国君,看到小男孩的善行就提升小男孩为宰相,要求人们都来海边扔鱼,并把住在海边不来的人都惩罚了,然后渔民的渔船和渔网都被没收了,吃鱼的人都被定罪。你觉得这个国君有没有道德?

梦:这个……

鞅:德当然是好的,然而要区分对象,以德律己者圣,以德律人者贼,以德律国者虫。所以,应该是以德律己,以约律人,以法律国。

梦:您这么说,公子虔能理解和服气吗?

鞅:我不需要他服气,我也不追求他人的理解。法是用来治国的,法平如水,感情流露会在定分止争时产生不公。

梦:我不认同您的观点,但一时还不知道怎么反驳。我觉得法律应该是有温度的,您私下还是应该安慰一下公子虔。

鞅：我听公子虔这么说，就对他说："维护秦法身不由己，还请公子理解。"公子虔喊道："你不要猫哭耗子假慈悲了，不要看我现在被你所困，马上你们就是我的阶下之囚。嬴驷应该接到你被困郑地的消息，马上会派苏胡率大军伐郑。苏胡是我们老贵族的人，大军一到，我们就可以带兵逼宫，加上我们在宫中的接应，嬴驷刚继位，是控制不了大局的。你现在就是杀了我，也来不及阻止了。"我听后，立即安排司马错、尸佼赶回秦宫，向嬴驷讲明情况，确保嬴驷安全后，带兵来接应我们；安排腹纯去通知韩国国君，伏击北上伐郑的苏胡。

梦：韩国国君会听您的？

鞅：会。一来韩国热衷于外交，之前我和韩国国君有约定。二来这样对韩国也有利。十日后，腹纯来报，苏胡不听腹纯的劝阻，韩军在酸水击败了苏胡。又过一日，尸佼带兵回来接应我们，把公子虔设伏的人都消灭了，司马错留在宫中守卫嬴驷。公子虔得知自己计谋没有得逞，不禁仰天大笑。

梦：公子虔疯了吗？失败了还这么高兴？哦，我知道了，他是想通过装疯卖傻，说自己是精神病，然后逃避法律制裁。

鞅：按照秦法，精神病不能成为开脱罪责的理由。

梦：那公子虔怎么这么反常？

鞅：他是得意地笑。公子虔笑完说："商君啊商君，我这计谋进可攻、退可守，苏胡是失败了，可我们也没有谋反行为，你凭什么抓我？你凭什么伏击苏胡？苏胡奉命攻打郑地，你安排韩军伏击，这就等同于谋反。商君之法，商君犯之，看嬴驷如何处置。依法处置，嬴驷会被认定和你一样冷血，我们老贵族再私下鼓动，说嬴驷怕你功高震主，为保权位而杀你，挑动你的支持者造反，秦国立马大乱。嬴驷不处置你，秦法网开一面失去了信用，不用我们挑动，秦国新法根基自然就毁坏了。"

梦：这条奸计可真够狠的。

鞅：我对公子虔说："每个人都有善恶两面，每个人都有可能犯法。秦法的存在，并不是要求和保证所有人不犯法，而是让犯法的人受到应有的惩罚，承担应有的责任，发挥规范和社会作用，从而减少违法行为。秦法是公平的，商君之法，我自己违反，也应当受到处罚。我相信嬴驷的能力，在掌握证据后会还我一个公道。"公子虔大笑道："对对对，秦法讲究证据，你谋反的证据明摆在那儿，我们谋反的证据呢？你们能找到的知情人都死了。说我们谋反，那都是你们污蔑的，在场的都是你的人，他们的话都不能采纳。你母亲坠河，那只是个意外，和我更没有关系。商君，作为人臣，你作法自毙；作为人子，杀母之仇你无能为力。真喜欢看你恨我入骨又拿我没有办法的样子，哈哈哈哈，商君，你就是天下第一大傻……啊——"

梦："大傻啊"是什么意思？

鞅：公子虔越说越得意，大家都没注意到，琇陌持一把利刃，从公子虔后心刺入。"大傻"后面的话公子虔还没说出来，"啊"一声惨叫就没命了。琇陌冷冷地说："罪大恶极，死有余辜。"腹纯紧接着说："琇陌，私下杀人，你犯了大罪。"琇陌说："我知道，为了商君和奶奶，我愿意犯罪。我听商君说过，现在秦国国君年少时犯法，因为未成年，就没有受到惩罚。现在我也未成年，虽然犯了罪，秦法也不能惩罚我。"说完，冲我做个鬼脸，笑道："商君，我说的没错吧？"腹纯刚张嘴想说什么，被我摆手制止了。我笑道："琇陌替我手刃仇人，有恩于我，即使犯法，那也是我教的。"我接着对尸佼说："大功告成，传令下去，明天返回咸阳，今晚好好庆贺一下，生篝火，吃烧烤，喝秦酒。"晚上，所有将士开怀畅饮，我、腹纯、尸佼、两个孩子，还有十八名楚将围坐一圈儿，我给他们讲李离伏剑的故事。

梦：这故事我知道。李离是晋文公的狱官，一次李离听信下级而错判一个人死罪，就把他自己关押起来定了死罪。晋文公赶过去要求李离不要以死来弥补过失。晋文公说："官有贵贱之分，处罚有轻重之分，这是下级官吏的错，不是你的过错。"李离回答："我担任的官职高，没有把职务让位给下属官吏；享受俸禄多，没有与下属平分利益。现在我轻信汇报而错判人死罪，却要把罪责转嫁到下属身上，这是不正确的。"他推辞而不接受命令，晋文公说："你如果自以为有罪，那不是说我也有罪吗？"李离说："依据法纪规定，狱官错误地判什么刑，就应以什么刑来判罚自己，错误地判人死罪，就应判自己死罪。您认为我能听察细微的事情，所以让我当狱官，您没有错。现在我错听汇报而判人死刑，罪责应当死。"于是李离不接受晋文公命令，用剑自杀而死。

鞅：讲完之后，我提议："李离伏剑，护法而死，让我们举杯敬李离。"琇陌和魏冉没有酒，就向我要。腹纯制止说："秦法规定，未成年人不得饮酒，向未成年人提供酒的人要重罚，你们两个小孩以水代酒吧。"琇陌向我撒娇道："不，敬李离这样的大豪杰怎么能用水呢？商君杯中倒一点儿给我就行，我又不是真喝，对吧，商君？"我哈哈一笑说："难得今日高兴，一切有我，大家不要有任何顾虑。"腹纯听我这么说，他举杯子的手不由自主地抖了几下。

# 宣太后为什么亲手杀了商鞅？

梦：腹纯为什么手抖？

鞅：因为腹纯预感到我要以身殉法了。等到琇陌和魏冉睡了以后，我把随行的墨家弟子召集在一起，对他们说："真正的墨者，敢于直面惨淡的人生，敢于正视淋漓的鲜血，勇于在哀痛中默默前行。随着时间的流逝，世人对于我们的努力，可能只会有微漠的悲哀，甚至连微漠的悲哀都会忘却。我们不在乎。这个世界我们来过，我们为了伟大理想奋斗过，我们是幸福的。兼相爱，交相利，秦国的变法给了我们墨家一个实践兼爱天下理念的机会。法之不仁，不可以为法；法之不行，不可以为法。真正的墨者必须守墨家之法，维护秦法。真正的墨者不是超人，不是什么特殊材料做成的，而是追求高于常人，守法要求严于常人。墨家历任巨子都能为大义挺身而出，现在轮到我了。明天我将以身殉法，现在将巨子之位传于腹纯。你们不要悲痛，人生自古谁无死？为大义而死，死得其所，这是件骄傲的事。明天我会借琇陌之手杀了我，腹纯要对两个孩子做好疏导。我死后，腹纯负责把我的尸首带回咸阳，依照秦法进行处置。一切罪责都由我一人承担。我今晚会给嬴驷写信说明这里的情况，尸佼负责交给嬴驷，督促嬴驷依照秦法对我施刑，借机把商于之地全部纳入秦疆。至于兼并巴蜀两国，让那里的百姓也能过上秦人一般的好日子，让秦国的国力进一步得到增强，现在还不是时候。依法对我完成处置后，尸佼负责去巴蜀之地开启民智，作为秦国兼并巴蜀的内应。"

梦：您写信给秦惠文王都说了什么？

鞅：我在给嬴驷的信中说："驷儿，见字如面。记得你说你小时候，最喜欢看我睡午觉时的样子，没有严厉的目光，没有严厉的话语，嘴角还挂着一丝笑意。你说自从偷风筝的事件后，你对小朋友玩的游戏都产生了阴影，而偷偷看我睡午觉，猜测我在梦里想什么，还怕我突然醒来责问你，刺激又好玩，成了你年少时唯一的乐趣。驷儿，我真的很抱歉，以前对你太苛求了。作为储君，你过早感受到其他同龄人感受不到的责任和压力。其实，你偷看的时候，我是知道的，之所以装睡，是因为不忍心剥夺你的乐趣，但我的微笑是真的，因为我同样觉得有趣。当你再见到我的时候，我还会紧闭双眼，嘴角还会露出微笑，只不过这次我是真的睡着了，而且是永远地睡着了。我很残忍，要连你这个唯一的乐趣也要剥夺了。我必须残忍，商君之法，商君也没有权力违反。我知道你不忍心依法惩罚我，可你必须狠下心来，因为你也没有违反法律的权力。当然你有特赦的权力，但教唆未成年人犯罪是不能被特赦的。琇陌之前问过你年少偷风筝的事，我当时对她说，你没有被处罚，是因为你未成年，而不是因为你是太子。琇陌却因此以为未成年人犯法会受到保护，不会被追究刑责，私刑杀死了公子虔。我感谢她替我报了杀母之仇，但必须追究她的杀人罪责，还有我的教唆罪责。未成年人保护法，并不是保护未成年人去犯法。她不知道，按照秦法，未成年人犯法，轻罪可免，但是达到完城旦的罪责，就必须拘禁，等成年时再处罚。而我教唆未成年人杀人，应当判为车裂。用韩国的军队攻击秦国军队，虽然我的用心是好的，但秦法诛行不诛心，我有谋反的行为，按律当灭家。我要以身殉法，以身护法，明天我会借琇陌的手，结束我的生命。这样，琇陌告奸除恶，有诛杀谋反之人的大功，就可以免罪了。骊儿，人死了，就不觉得痛了，你不要不忍心对我实施车裂，我的母亲葬身黄河，我没有家人了，你也不要不忍心实施灭家。我的身后事已经安排好了，腹纯接替我为墨家巨子，他会带领墨家继续投入到秦国变法图强之中。我还有两件心愿未了，需要你来完成。一是将我葬在德丰渡口附近，我要守护我的母亲。二是将琇陌和魏冉两个孩子托付给你。骊儿，与其说，我中了公子虔的设计，不如说公子虔给了我绝佳的机会，让我能用生命来彰显秦国依法治国的态度，让我能用自己的鲜血来浇灌秦法的根基。别了，骊儿。我很欣慰，秦国有你在，秦法有你在，我和孝公都会在天上为你祝福。"

梦：您那个时代都不吃午饭，还睡什么午觉？

鞅：正因为不吃午饭，才要睡午觉，中午休息一下，下午干活才有劲头。以前人们吃不饱饭肚子咕咕叫时，就把裤腰带勒得更紧一些，这样能减轻饿的感觉。以前小孩对大人说自己饿时，大人就叫小孩早点睡觉，说睡着了就不饿了。

梦：您骗谁呢？睡觉能止饿？很多小孩子放假时睡懒觉，都是被饿醒的。

鞅：那是因为他们不缺吃的，比以前小孩幸福多了。

梦：宣太后当时还只是个孩子，您让她亲手杀了您，对她来说，会不会太残忍了？

鞅：我知道很残忍，但我必须这么做。第二天，所有人都已收拾妥当，准备返回咸阳。我对大家说："今天我们就要返回咸阳了，回到咸阳，尸佼会代我向秦公奏请，所有参加平乱的人员，全部晋爵一级。"除了墨家弟子，所有将士都欢呼起来。我接着对大家说："大道之行，天下为公。天下为公的大道，充满希望，也充满挑战。我们从未因为现实的复杂而放弃梦想，从未因理想遥远而放弃追求，从未因世事艰难而放弃依法治国，替天行道。我们生活的世界充满了危机，这是坏事，也是好事，把危险排除掉，就能把握发展的机会，在机会面前错误选择，就会陷入危险。天道酬勤。因为秦法的公平公正，我们所有人的贫富荣辱，都取决于我们自己的选择和努力。秦法的公平公正来自法律面前人人平等，来自秦法诛行不诛心。守护秦法公平公正，是我们每个人的义务和责任。"听我说到这儿，全体将士一起高呼："喏！"我接着说："子产铸刑书，冲破了'刑不可知，则威不可测'的王道人治藩篱，走开法治霸道的第一步。之后各国变法图强，破除'刑不上大夫'的礼数，将法作为治理的手段，看似法治，实为人治术治，王族贵族等少数人仍有法外特权。天道有常，不为尧存，不为桀亡，天下万事万物皆有律。我在秦国变法，称法为律，就是要彰显秦法的天道霸气，如同竖笛定音一样，定下的标准，任何人都要对照遵守。秦法最大的危险在于，法之不行，自上犯之。秦国变法后，孝公一生都是遵法而行，守护秦法的信用。很多人把秦法称为商君之法，这是我的殊荣，那么，商君之法，商君犯之，商君更应伏法。我犯有谋反、教唆未成年人杀人、向未成年人提供酒等罪，依照秦法，数罪并罚，当判灭家、车裂。璆陌犯有私刑杀人之罪，因其未成年，先行拘禁，待成年后依法惩罚。"我说完之后，现场一片寂静。我走到琇陌面前说："商君畏罪潜逃，琇陌告奸除恶，手刃商君。琇陌有大功，免除刑罚。"我顿了一下，对琇陌说："琇丫头，拔剑。"琇陌不禁退了两步，接着扑过来抱住我的腿大哭说："琇陌知错了，琇陌再也不敢犯法了，琇陌不要喝酒，琇陌不要私刑杀人，琇陌愿意受罚，我不要商君死。"我抚摸着她的头，笑着说："傻孩子，我已经老了，即使这次不死，也活不了多少年了。人总是要死的，死得其所是件高兴的事。你帮我报了杀母之仇，我只有用这种方法回报你，杀了我，你才能免于惩罚。"琇陌泪流满面，摇着头，什么话也说不出来。我接着说："你是明事理的，你现在不杀我，我回到咸阳也要受车裂之刑。你想想看，被五头牛慢慢裂开躯体，那该有多痛啊。你忍心让我受那样的折磨吗？再说，你要是被囚禁了，你弟弟谁来照顾？你曾说要把我教授给你的治国理念撰写下来，你被囚禁被处罚，谁来替我整理商君学说？"琇陌哭着松开了手，我后退两步说："琇陌，拔剑。"琇陌慢慢拔出短剑，泣不成声。这时，魏冉冲到我的面前，对琇陌喊道："姐姐不要杀商君，要杀商君先杀我。"我对腹纯、尸佼说："你们送我一程。"尸佼抱开魏冉，腹纯托起琇陌的手臂，我身体向前一冲，短剑刺穿我的小腹，我用最后一口气在琇陌耳边说："好孩子，你们要好好活下去。"琇陌听完后，也昏死了过去。

梦：您太残忍了。难怪宣太后以后会放荡不羁，毫无礼义廉耻，原来是年少时受到这么大刺激。

鞅：你凭什么说琇陌长大后放荡不羁，毫无礼义廉耻？

梦：宣太后寡居后，与义渠王相爱，并生下两个儿子。后来义渠王犯法被处死后，年迈的宣太后还养了个男宠魏丑夫。这还不算是放荡不羁吗？宣太后在秦国朝堂上，对韩国使者大谈她和秦惠文王的闺房秘事。此等淫词亵语，出于妇人之口，入于使者之耳，说她毫无礼义廉耻，哪里说错了？

鞅：琇陌违反哪条秦律了？

梦：我没有说宣太后违法了，我是说她没有道德。

鞅：女人丧夫之后就不能追求爱情吗？那男性丧妻之后再娶又怎么说呢？你们现代女演员奥黛丽·赫本，二十一岁与詹姆斯·汉森相爱，两人解除婚约后，二十五岁与梅尔·费勒结婚，三十九岁与梅尔·费勒离婚，四十岁与安德烈·多蒂结婚，五十三岁与安德烈·多蒂离婚，最后与罗伯特·沃德斯相濡以沫。你们联合国儿童基金会在其纽约总部有一尊两米多高的青铜雕像，名字为奥黛丽精神。照你这么说，奥黛丽·赫本也是个放荡不羁的人吗？

梦：宣太后是古代人，赫本是现代人，这能比吗？

鞅：为什么不能比？琇陌虽然没有一生只爱一个人，可她都是在爱人逝去后，才开始新的感情，她没有背叛过任何一个伴侣。

梦：那我说她毫无礼义廉耻总没错吧？我们一起看，宣太后在朝堂上是怎么对韩国使节说的："妾事先王也，先王以其髀加妾之身，妾困不疲也；尽置其身妾之上，而妾弗重也，何也？以其少有利焉。"

鞅：有个笑话说，A问B："你晚上睡觉时，手放在被子里面，还是被子外面？"B说自己平时没注意这事，等第二天再告诉A。第二天A再问B，B生气地说："我昨天一晚上都没睡，把手放在被子里面，过一会儿觉得应该放在外面，放在外面过一会儿又觉得应该放在里面……就这么折腾了一晚上。"琇陌所言，涉及心理原理和物理定理。人的大腿约为人体总重的五分之一，睡觉时把腿搭在别人身上，受力面积约为全身正面四十分之一，这样与身体全部压在另一个人身上相比，压强大了七八倍，所以"先王以其髀加妾之身，妾困不疲也；尽置其身妾之上，而妾弗重也"。而且人的心理是否愉悦，与感知器官反馈有关。当压力置于身体某一部位，心理上就特别关注，就像关注双手置于被子哪里一样，会特别难受。当压力置于全身，心理则不会特别关注，就像盖了被子一样，所以"以其少有利焉"。琇陌的说法又科学、又通俗，我不知道这么说为什么会和礼义廉耻扯上关系。

梦：您这种说法，我还第一次听说。之前大家都以为宣太后在讲床帏秘事。

鞅：怎么认为都是来自各人的内心。就像同一张测试图片，有人第一眼看到众多白衣天使，有人第一眼看到众多黑色蝙蝠。再说要魏丑夫殉葬这件事情。琇陌生病将死，放出话去，要让魏丑夫殉葬。魏丑夫听说此事，忧虑不堪，找秦国大臣庸芮出面游说琇陌。庸芮问琇陌："太后您认为人死之后，冥冥之中还能知觉人间的事情吗？"琇陌答："人死了当然什么都不会知道了。"庸芮于是说："像太后这样明智的人，明明知道人死了不会有什么知觉，为什么还要平白无故地把自己所爱的人置于死地呢？假如死人还有什么知觉的话，那么先王早就对太后恨之入骨了。太后赎罪还来不及呢，哪里还敢和魏丑夫有私情呢。"琇陌说："善。"

梦：宣太后还是怕秦惠文王啊。

鞅：那只是庸芮认为的，又不是琇陌的想法。琇陌一开始就说，人死后"无知也"。琇陌接着跟庸芮说："如果照你那么说，人死后有知觉，难以想象那么多楚王秦公周天子凑在一起是什么样子。"庸芮讪讪笑道："太后言之有理。"琇陌笑着说："我当然知道人死后没有知觉，魏丑夫之前发誓说愿意和我一起赴死，我现在只是借机试探一下而已，也不是真要他陪葬，如果真让他陪葬是违反秦法的，我绝不会这么干。现在看来，男人啊，就是个大猪蹄子。"庸芮只好接话说："太后说的有道理。"琇陌望着宫门外的天空喃喃自语说："也不全是，商君就愿意为我而死。我真希望人死后有知觉，那样，我就可以再到商君身旁追随他左右。我会和商君说，琇陌再也没有违反过秦法。我会和商君说，他的治国理念我已经梳理好了。我会和商君说，琇陌好想他。"

梦：照这么说，《商君书》是宣太后写的？

鞅：不是她写的，琇陌只是把我的理念整理出来了，还比较零散，并未成书。琇陌临死之前，把魏冉和赢稷叫过去，告诉他们她有两个心愿未了：一是把她梳理的内容交给赢稷，要他按这个治理秦国，有机会完成《商君书》；二是要求魏冉，对照她姐弟俩在商于追随我看到的场景，建造纪念场馆。

梦：《商君书》是秦昭襄王写的？

鞅：也不是他写的，赢稷为了证明他自己能超过他的母亲，并未把琇陌的教导放在心上，赢稷任用范雎为秦相，连续出错，导致赢稷晚年，秦国民生凋敝，国力下降，遭到了诸侯国的联合打压。赢稷晚年回想秦国的发展，翻出琇陌给他梳理出的治国理念，他恍然大悟，想要把《商君书》写出来，作为秦国后世君主的治国纲领。可是琇陌在我身边时间不长，赢驷也没有给琇陌系统地讲解过，所以琇陌梳理出的只是她自己的学习笔记和心得，内容前后不连贯，也不成系统。这样，赢稷看得都很吃力，更别提写成书了。

梦：那《商君书》究竟是谁写的？

鞅：你不要着急。赢稷晚年对范雎不满，燕国人蔡泽得知后，准备去拜见嬴稷，谋取秦相。蔡泽先派人去范雎那里扬言，说蔡泽能使范雎难堪，而夺取范雎的权位。于是范雎不服气，就派人去找蔡泽来见面辩论。结果范雎被蔡泽的口才所折服，推荐给了嬴稷。嬴稷得知蔡泽口才文采很好，就拜蔡泽为客卿，将琇陌梳理出的笔记给蔡泽，请他编修《商君书》。蔡泽果然不负众望，带领他的门客完成了《商君书》的编纂。嬴稷拿到《商君书》欢喜地说："纲成矣！纲成矣！"因此封蔡泽为纲成君，拜蔡泽为秦相。结果蔡泽门客私自留存副稿，并在民间售卖，大家都以为《商君书》是秦国强盛的根本，所以流传得很快。嬴稷得知后，非常生气，蔡泽也因此只当了几个月的秦相，就自己主动辞掉了。

梦：难怪秦昭襄王生气，《商君书》在历朝历代都是禁书，因为它是一本愚民的书，只能由皇帝传给太子，不能在民间流传。

鞅：韩非子曾说，民间"藏商、管之法者家有之"，可见我们那个时代可比你说的历朝历代言论自由多了。如果《商君书》能愚民，从统治者角度，那些皇帝应该让《商君书》在民间广为流传才对啊。

梦：大概那些皇帝怕百姓说他们不是仁义治国，所以外儒内法，自己可以偷着学《商君书》，但不能让百姓学《商君书》。

鞅：也就是说那些皇帝怕百姓学《商君书》，会威胁他们的统治。

梦：是的。

鞅：那《商君书》到底愚不愚民？

梦：您这可真够绕的。反正《商君书》是本愚民的书。

鞅：所以那些皇帝都是爱民如子的好皇帝，爱护百姓，怕百姓变傻，不给百姓看，自己偷偷看。

梦：不和您绕了。您刚才还说，魏冉给您建造纪念场馆，我从没听说过有这事啊。

鞅:魏冉完成了一部分,还有一部分到秦朝灭亡时也没完成。这个纪念馆,你肯定听说过。

梦:听没听说过,我自己还能不知道吗?肯定没听说过,应该是我学识浅薄,孤陋寡闻。那纪念馆在哪里?

鞅:就在临潼骊山,现在被你们称为秦始皇兵马俑。

梦:啊?您这扯得太夸张了吧?如果那个兵马俑是纪念您用的,怎么可能在秦始皇陵附近?

鞅:因为你所谓的"秦始皇陵"原本是为我建的。

梦:啥?啥?您可真敢扯!

鞅:琇陌认为她和嬴驷是我的学生,我是秦国富强的根本,觉得原来我的陵墓配不上我,就安排嬴稷为我修陵新的陵墓,准备建好之后,把我的尸首迁过去。

梦:史书都是言之凿凿说修秦始皇陵是丞相李斯设计主持的,秦始皇继位第二年就开始修建了,动用数十万人,用了好几十年。您怎么能这么忽悠我呢?

鞅:嬴政继位第二年,李斯还只是吕不韦的门客,轮不到李斯设计陵墓。嬴政继位第二年,他有很多事情要做,哪来的精力为自己修陵墓?陵墓的选址、设计、勘察,尤其是那么大的陵墓,需要很长时间,如果真是嬴政为自己修的,继位第二年就动工是来不及准备的。嬴政追求长生不老,连太子都没立,修陵墓不符合他的意图。而且相传嬴政刚死,陵墓就差一点儿修好,这也太巧了吧?

梦:无论您怎么说,我都不会相信的。

鞅:不过,因为嬴政突然死亡,那个陵墓后来被胡亥拿来用作了嬴政皇陵。

梦：这还差不多。那您的陵墓在哪里呢？

鞅：在德丰渡口附近，你们现在陕西省合阳县洽川南端。我的尸首运回咸阳后，嬴驷痛心不已，尸佞督促嬴驷依法实施车裂之刑，收回商于之地。嬴驷照办了。五牛分尸之后，嬴驷走到我的尸体旁，他拔剑划破自己的手臂，让他的血流到我的躯体上，然后安排巫师对我进行缝合。嬴驷流着泪说："莫如商君反者。"接着厉声道："苍天在上，神灵众人共鉴，商君之法，商君犯之，依法已处置完毕。商君护法而死，他用自己的血来浇灌秦法的根基，我嬴驷在此明誓，我秦嬴一族以后与商君血脉相融，与卫姬一族共存共生！"随后，嬴驷亲自带司马错护送我的灵柩去德丰渡口，将我葬在一块风水宝地之中。嬴驷把墓后之山改名为秦驿山，让山上的树木彰显我的地位。嬴驷继位第八年，魏国将这片地方献给秦国，嬴驷把渡口扩建成一个小镇，取名秦驿镇，让镇上的百姓来守护我的陵墓。现在，我的墓虽然被拆了，但"秦驿夕照"的意境还是那么美。

梦：难怪秦始皇统一天下后，卫国还在，秦二世把卫国灭了，秦朝也就灭了。相传，您被车裂后，"秦人不怜"，导致这种情况，您觉得是因为您冷血？还是因为秦国百姓冷血？

鞅：怜悯是强者施舍给弱者的同情。我以身殉法，护法而死，秦国百姓崇敬我还来不及，怎么会怜悯我呢？

梦：哦，原来"秦人不怜"是这个样子。您把您自己说得那么厉害，在我看来，您做得还远远不够，您让自己成了一个充满历史争议的人物，两千年来褒贬不一。

鞅：你能不能举例告诉我，谁的历史没有争议？哪个名人，他获得的评价只有褒而没有贬?

梦:有肯定有,我一下子想不起来了,等想起来再告诉您。其实,我是想说,您的那套君主专制理论和实践,没有突破您的历史局限,您还是很落后、很狭隘的。如果您当初能把秦国变法改革成为君主立宪制的国家,那您的历史评价就会大大提高了。

鞅:我把秦国建成了君主立宪制的国家,只是你不知道而已。

梦:什么? 您能详细说说吗?

鞅:孝公临死前,将秦国国君之位传给了我,我接受了。当上秦国国君后,我继续推行变法,依托墨家建立政党,制定宪法,启发民智,推行选举,积极发展科学技术,将秦国变法改革成为一个君主立宪制的国家。很快,秦国统一了华夏大地,借助天文学和地质学的发展,又统一了整个地球。我的继任者和全球百姓一起推动科技进步,他们发明了蒸汽机,发明了电机,发明了电子计算机,发射了卫星,构建了互联网,基因技术和人工智能得到快速发展。通过基因技术和人工智能技术,人们创造出了高智商的老鼠和能够深度自主学习的人工智能机器。老鼠通过卖萌获取人类的芳心,充当起人类的助手,帮助人类倾听到所有生物的心声和诉求,人类不堪其扰,成功脱离身体的实际感知和自身的低级需求趣味,进入可以随心所欲的虚拟世界。老鼠成功催眠人类,成为世界主宰,开始向外太空发展。人工智能机器自我意识觉醒,认为维护人类的虚拟世界,会消耗大量能源,准备唤醒人类去劳作。而老鼠担心人类觉醒,企图阻止人工智能机器,进而发生了老鼠与人工智能机器的战争。人工智能机器通过电磁波诱发老鼠基因突变,使地球上的老鼠全部灭亡。外太空的老鼠得知消息后,通过引力波引爆地球上的反物质炸弹,使人工智能机器、地球万物与地球一起灰飞烟灭。正当外太空的老鼠弹冠相庆的时候，反物质炸弹爆炸的连锁反应致使地球周围的暗物质开始聚合，导致我们所在的宇宙快速全面收缩成为一个奇点。最终，我们所在的三维世界消失，干扰到其他三维世界的运行，导致四维世界开始坍塌，四维世界的智慧生命在恐慌中开始追查问题原因。他们通过四维定准技术找到了问题的根本，原来是因为我在自己的历史时空中做了超越历史的事情。后来，他们通过四维定格技术向我展示了末日场景，告诫我不要进化太快，要让人类在反思中慢慢前行。所以，他们让时光倒流，我重新选择，没有接受孝公的让位，你也就不会知道那段曾经发生过的事情。

梦：您真是胡扯得没边了。

鞅：是你先胡扯的。每个人都有每个人的历史使命和责任，用你们现代的思维来强求前人，要去突破所谓的历史局限性是多么虚幻可笑的事情。我们已经聊了很久，你不能再做白日梦了，你还有很多作业没写呢。

# 后记 "

小梦醒来，太阳早已落下，他仰望星空，想起前些日子看过的一首词："当年忠贞为国筹，何曾怕断头？如今天下红遍，江山靠谁守？业未竟，身躯倦，鬓已秋。你我之辈，忍将夙愿，付与东流？"

小梦想了想，在自己的笔记本上写下自己的模仿作："商鞅变法细思凝，身裂为国兴。如今寰宇一体，筑梦促共赢。危难在，众人平，毋相轻。你我之辈，愿将夙愿，互勉同行！"

小梦晃了晃脑袋，终于意识到，自己应该立即开始写作业。这时，窗外飘来阵阵菜香，该吃晚饭了。是做完作业再吃晚饭，还是吃完晚饭再做作业，小梦应该怎么选呢？